Connaître le Fils

La série *L'Epée de l'Esprit*:
1. La prière efficace
2. Connaître l'Esprit
3. Le règne de Dieu
4. Une foi vivante
5. La gloire dans l'Église
6. Le ministère de l'Esprit
7. Connaître le Père
8. Atteindre les perdus
9. Ecouter Dieu
10. Connaître le Fils
11. Le salut par la grâce
12. Adorer en Esprit et en vérité

www.swordofthespirit.co.uk

Copyright 2014, 2007, 1997, auteur Colin Dye.
Deuxième édition en anglais
Copyright 2015, 1997, auteur Colin Dye
Première édition en français

Kensington Temple
KT Summit House
100 Hanger Lane
London, W5 1EZ

Tous droits réservés. Aucune partie de cette publication ne peut être reproduite, enregistrée ni transmise sous quelque forme que ce soit, par un moyen électronique, mécanique, photocopie, ou autre, sans la permission écrite de l'auteur.

Les citations bibliques, sauf mention spéciale sont tirées de la version Segond Révisée 1975.

L'Epée de l'Esprit

Connaître le Fils

Colin Dye

Sommaire

Introduction		7
1	Le Fils pleinement humain	11
2	Le Fils pleinement divin	31
3	Un être unique	51
4	Une vie unique	71
5	Une mission unique	85
6	Le Fils et l'Esprit	111
7	Le Fils et le Père	123
8	Le Fils et la croix	141
9	Le retour du Fils	157

Introduction

Les douze thèmes de la série *Epée de l'Esprit* ont été créés de manière à pouvoir être abordés indépendamment les uns des autres. Chaque manuel s'intéresse à un sujet particulier de la Bible. Mais les douze livres ont aussi été construits de manière cohérente. Ils forment un ensemble d'études exhaustives qui vous établira dans le ministère et vous équipera pour enseigner d'autres personnes à connaître Dieu et ses buts plus en profondeur.

Les douze thèmes se renvoient les uns aux autres et sont fondamentalement interdépendants. Vous devez donc les étudier tous si vous voulez saisir l'image complète de « la Parole et l'Esprit ». Toutefois, chaque sujet est étudié de manière complète, à l'exception peut-être de celui-ci.

Jésus de Nazareth, le Christ, le Seigneur, le Sauveur, le Fils du Dieu vivant domine tellement les Ecritures qu'il est impossible de décrire la plénitude de sa nature et son œuvre dans un espace aussi court.

Dans un sens, les douze sujets de notre série concernent le Fils, qui est lui-même la Parole de Dieu. Par exemple, nous étudions son saint enseignement dans *le Règne de Dieu*, sa vie de prière dans *la Prière Efficace*, son service terrestre dans le *Ministère dans l'Esprit*, sa mission d'évangélisation dans *Atteindre les Perdus*, son interdépendance trinitaire dans *Connaître le Père* et c… Même si nous abordons chacun de ces aspects de la vie du Fils dans ce livre, vous devrez les étudier plus à fond dans les autres thèmes de la série.

Plus important encore, nous nous préoccupons du but suprême du Fils dans *le Salut par la Grâce*. Il est donc impératif que vous étudiez *Connaître le Fils* en relation avec *le Salut par*

Connaître le Fils

la Grâce. Vous ne saisirez pas la plénitude de la mission du Fils sans l'étude conjointe de ces deux thèmes.

Dans ce livre et cette section de notre cours, nous nous concentrons sur la connaissance de « qui le Fils est » plus que sur la connaissance de « ce qu'il a fait » – sujet abordé ailleurs. Nous nous préoccupons du mystère de sa nature pleinement divine et pleinement humaine; nous considérons son être unique et les événements uniques de sa vie. Nous examinons sa relation de travail avec le Père et l'Esprit et nous réfléchissons à la croix telle qu'elle nous est présentée dans les Evangiles.

Connaître le Fils est un livre destiné aux croyants qui ont faim d'étudier la Parole de Dieu pour apprendre comment Jésus de Nazareth peut être à la fois l'un des fils d'un simple charpentier et le Fils unique du Dieu Tout-Puissant créateur. Ce livre s'adresse aux disciples dont l'esprit est ouvert pour recevoir la révélation biblique de Dieu sur la nature, la mission, le but et la destinée de son Fils bien-aimé.

Une ressource supplémentaire est mise à votre disposition pour faciliter votre apprentissage. Le fascicule *Révision des Connaissances*, ainsi que des séries de questions sous forme de quiz ou d'examen vous permettrons de tester, mémoriser et d'appliquer vos connaissances.

Vous pourrez aussi utiliser l'additif *Révision des Connaissances* avec un petit groupe. Libre à vous de sélectionner dans la prière le contenu des suppléments du cours qui vous paraît le plus adapté à votre groupe. Cela signifie que selon les réunions, vous pourrez utiliser tout partie du matériel disponible. Vous êtes encouragés à faire preuve de bon sens et de discernement spirituel. Sentez-vous libre de photocopier ces pages et de les distribuer aux groupes que vous pourriez diriger.

Quand vous aurez fini l'étude de ce thème, ma prière est que vous ayez une bien meilleure compréhension de la merveilleuse personne et de l'œuvre de notre Seigneur et Sauveur Jésus-Christ. Je prie aussi qu'en particulier vous saisissiez en quoi sa filialité peut vous servir de modèle en tant que fils ou fille du même Père.

Introduction

Plus que cela encore, je prie que cette lecture vous inspire une plus grande dévotion, une vie de disciple plus consacrée dans une dépendance soumise au Fils – qui est venu volontairement dans la souffrance et la mort (et reviendra volontairement et bientôt en puissance et en gloire) pour sauver l'humanité du mal et pour établir le royaume de Dieu.

Colin Dye

Chapitre Un

Le Fils pleinement humain

Au cours de l'histoire il y a toujours eu des gens pour penser que Jésus était seulement divin. Toutefois, en dépit des nombreux désaccords existant sur d'autres sujets parmi les traditions chrétiennes, toutes s'accordent sur ce qui concerne la nature de Jésus. Elles ont toujours vu Jésus comme un être unique qui est simultanément *pleinement humain* et *pleinement divin*.

La plupart des non croyants n'ont pas de difficulté avec le fait que Jésus était pleinement homme, mais ils en déduisent qu'il n'était qu'un homme. Ils trouvent en effet difficile d'imaginer qu'un être humain puisse aussi être un être divin.

Cette erreur de jugement est largement répandue, ce qui explique pourquoi beaucoup d'églises mettent l'accent sur la divinité de Jésus. Mais nous représentons mal le Fils chaque fois que nous mettons l'accent sur l'un des aspects de son être plus que sur l'autre. Nous devrions au contraire nous concentrer de manière égale sur sa pleine divinité et sa pleine humanité.

Bien sûr, le Nouveau Testament enseigne que Jésus est beaucoup plus qu'un homme quelconque. Toutefois, s'il insiste sur ce caractère extraordinaire de Jésus, c'est toujours dans le contexte de l'authenticité de son humanité. C'est pourquoi dans notre étude, bien que nous nous appliquions à *connaître le Fils* qui est exalté de bien des manières, nous commençons par établir qu'il est pleinement humain.

L'humanité de Jésus

Les Evangiles de Matthieu, Marc et Luc présentent Jésus sous des traits similaires. Il arrive qu'ils utilisent différentes histoires pour mettre l'accent sur des aspects particuliers de son caractère, mais ils parlent tous de la même personne. (Nous

Connaître le Fils

considérons certaines des preuves extra bibliques de la vie humaine de Jésus dans *Atteindre les Perdus*).

Dans son premier verset, Marc laisse entrevoir qu'il présente quelqu'un qui est plus qu'un homme, mais il continue pourtant par montrer une image humaine d'un Jésus souffrant et serviteur. Contrastant avec ce point de vue, Matthieu et Luc commencent leur Evangile par des récits de la naissance de Jésus qui décrivent les humbles commencements de sa vie. Ils le présentent dans un foyer humain ordinaire, sujet à toutes les pressions ordinaires que cela suppose.

Luc 2:39-52 est le seul récit biblique de l'enfance de Jésus. Ce texte révèle quelque chose de sa famille terrestre dans son caractère essentiellement humain. Ces digressions de Luc dans 2:40 et 2:51-52 suggèrent que Jésus s'est développé jusqu'à l'âge adulte selon les lois normales de la croissance humaine.

Tous les Evangiles présentent le baptême de Jésus au début de son ministère et montrent comment il s'est identifié aux gens ordinaires qui se pressaient autour de son cousin Jean-Baptiste. La série de tentations qui suit révèle que comme les autres êtres humains, Jésus a dû endurer des épreuves morales et physiques intenses.

Matthieu, Marc et Luc présentent Jésus comme un homme tout à fait représentatif du premier siècle. Par exemple :

- Il côtoie le monde des Pharisiens, des Sadducéens et des Hérodiens.
- La courte durée de sa vie est typique de la Palestine du premier siècle.
- Il guérit et enseigne des gens qui font face aux mêmes tensions sociales et politiques qu'il endure lui-même.
- Il est un homme parmi les hommes qui fait ce que font les gens ordinaires – il mange des repas dans des maisons, voyage à pied et en bateau, paye des impôts et se mélange à une grande variété de gens.

Le Fils pleinement humain

- Il a une profonde compassion pour ceux qui sont socialement isolés.
- Il critique l'hypocrisie et argumente avec les responsables religieux.
- Il est dans une telle détresse à Gethsémané qu'il transpire beaucoup.
- Il se sent abandonné sur la croix.

Mais sur ce fond d'humanité, les trois Evangiles montrent clairement que Jésus était vraiment différent des autres humains. Par exemple :

- Il se réclame d'une autorité qui va plus loin que la loi.
- Il pardonne les péchés.
- Il donne des ordres à la nature
- Il chasse les démons
- Il est transfiguré devant ses trois disciples d'une manière qui ne peut être imitée par les autres êtres vivants.
- Il utilise et accepte des titres qui le mettent dans une classe à part.

Les Evangiles présentent continuellement Jésus comme s'identifiant pleinement avec l'humanité *et* comme se distinguant totalement de l'humanité – et ils ne semblent pas se rendre compte de la tension que cela peut créer chez beaucoup de lecteurs.

L'Evangile de Jean
Il est généralement reconnu que l'Evangile de Jean présente la divinité de Jésus avec beaucoup de clarté. Contrairement aux « arbres généalogiques » de Matthieu et Luc, il commence par une généalogie céleste qui met l'accent sur sa préexistence et son origine divine. Même ainsi, Jean 1:14 met l'accent sur le

Connaître le Fils

fait que la Parole est devenue *chair* et qu'elle a « habité » ou « tabernaclé » parmi nous.

Dans le livre *Le Salut par la grâce*, nous considérons l'image utilisée par Jean pour l'incarnation comme « Dieu plantant sa tente dans l'humanité » et nous voyons que cela signifie que Dieu s'est manifesté dans une chair réellement humaine. Bien que cet Evangile souligne fortement la nature divine de Jésus, il attire souvent l'attention sur la réalité de son « tabernacle » tout à fait humain. Par exemple, l'Evangile de Jean montre que:

- beaucoup de gens considéraient Jésus comme un rabbi – 1:38; 3:2; 9:2; 11:8
- il est épuisé par un voyage – 4:6
- il fait l'expérience de la soif – 4:7; 19:28
- il suscite la haine – 7:44; 10:31-39;11:57
- il pleure sur la mort d'un ami – 11:33-35
- il lave les pieds – 13:1-5
- il prépare un repas – 21:9

La première église

Bien que le livre des Actes se concentre sur le Christ exalté, il le présente souvent comme étant « Jésus de Nazareth » – par exemple dans Actes 2:22; 3:6; 4:10; 6:14; 10:38; 22:8; 26:9. Cela nous montre qu'il était un personnage réel, historique qui a vécu en tant qu'homme authentique dans la petite ville de Nazareth – fait indiscutable de l'avis de la plupart des érudits sérieux de nos jours.

Les épîtres de Paul ne rapportent que peu de faits sur Jésus, si bien que certains érudits ont suggéré que l'apôtre n'avait que peu d'informations sur le Jésus historique. Mais Actes 9:26 raconte comment Paul a rencontré les Apôtres à Jérusalem. Actes 12:25 montre que Marc était le compagnon de Paul et Actes 23:35 et 24:23-27 montrent que Paul avait passé deux ans dans le Prétoire de Césarée (la capitale romaine de la

Le Fils pleinement humain

Palestine) en étant libre de rencontrer d'autres disciples. (Les Actes laissent entendre que Luc a pris soin de Paul durant son emprisonnement et il est très probable que Luc ait fait les recherches pour la composition de son Evangile durant cette période de deux ans. Si c'est le cas il a sûrement dû discuter de ses découvertes avec Paul.)

En vérité les épîtres de Paul sont des lettres doctrinales et pastorales adressées à de jeunes églises : elles ne cherchent pas à dresser un portrait de la personnalité de Jésus ni à enseigner sur les événements de sa vie. Or, même ainsi, les lettres de Paul contiennent beaucoup de détails qui soulignent l'humanité historique de Jésus. Paul montre par exemple que Jésus:

- était un descendant de David – Romains 1:3
- appartenait à Israël selon la chair – Romains 9:5
- a été envoyé à un moment précis pour naître d'une femme et pour vivre sous la loi – Galates 4:4
- avait un frère (que Paul connaissait) – Galates 1:19
- était pauvre – 2 Corinthiens 8:9
- fut crucifié, enseveli et ressuscité – 1 Corinthiens 1:19
- institua le Repas du Seigneur – 1 Corinthiens 11:23-26
- était doux et humble – 2 Corinthiens 10:1
- était juste et sans péché – Romains 5:18, 2 Corinthiens 5:21
- était humble et fidèle – Philippiens 2:6-8; 2 Thessaloniciens 3:5
- était un homme de la même manière qu'Adam était un homme – Romains 5:12-21 et 1 Corinthiens 15:21-22
- était un homme – 1 Timothée 2:5

Connaître le Fils

Le livre des Hébreux commence, dans 1:1-3, par présenter Jésus comme le Fils exalté de Dieu, l'héritier de toutes choses, le Créateur de tout. Mais ensuite il équilibre cette déclaration en donnant une grande quantité d'informations sur la nature pleinement humaine du Fils. Hébreux montre par exemple que Jésus :

- ◆ était inférieur aux anges et préoccupé par les hommes dans sa mission – 2:9,16
- ◆ était de chair et de sang comme tous les hommes – 2:14
- ◆ était sujet à la tentation – 2:18; 4:15
- ◆ priait avec des cris et des larmes – 5:7
- ◆ a appris l'obéissance par les choses qu'il a souffertes – 2:10; 5:8-9
- ◆ a expérimenté une sainte crainte – 5:7
- ◆ a considéré la mort comme une partie inévitable de sa mission – 2:9,14

Dans le livre *Le Salut par la Grâce*, nous voyons que l'épître aux Hébreux se concentre sur l'idée de la mort « sacrificielle » de Jésus.

Elle démontre que les qualifications de Jésus lui permettent d'être le souverain sacrificateur de l'humanité. Cette épître explique également que l'humanité de Jésus est indispensable pour qu'il s'offre lui-même en sacrifice par l'Esprit. Nous le voyons par exemple dans Hébreux 9 :14, 26-28; 10:10, 20.

En clair, les hommes et les femmes n'auraient pas d'accès auprès de Dieu si Jésus en tant qu'être humain n'avait pas été le médiateur entre eux et Dieu et s'il n'avait pas ouvert le chemin vers le Père. L'ensemble du Nouveau Testament offre constamment une double présentation de la *filialité divine* de Jésus et de *sa parfaite humanité*. Il le révèle simultanément comme le Fils qui reflète la gloire de Dieu et comme l'homme qui peut être tenté comme nous le sommes. Cette vérité est

Le Fils pleinement humain

importante à saisir et nous devons faire un grand travail pour maintenir ensemble ces deux aspects de la révélation dans notre compréhension, notre expérience et notre proclamation.

L'humanité sans péché de Jésus
Le Nouveau Testament ne présente pas seulement Jésus comme étant pleinement humain mais il souligne aussi qu'il est un être humain sans péché – en réalité il le présente comme la seule personne sans péché qui ait jamais existé depuis Adam et Eve avant leur chute. Nous voyons cela dans Hébreux 4:15; 1 Pierre 2:22; 1 Jean 3:5.

Bien que Jésus ne fasse pas de déclaration spécifique sur sa nature sans péché dans les Evangiles, il s'y trouve néanmoins un grand nombre d'indicateurs de son absolue perfection et il n'y a rien pour contredire cette opinion. Par exemple, Jésus :

- ne confesse jamais de péché
- appelle les gens à la repentance sans révéler aucun besoin de se repentir lui-même
- se soumet au baptême de Jean « pour accomplir toute justice », et non pour signifier la repentance – Matthieu 4:1-11
- se montre extrêmement résistant et sensible au mal – Matthieu 16:23
- résiste entièrement à la tentation – Matthieu 4:1-11
- condamne l'hypocrisie sans que personne lui réponde en l'accusant lui-même d'hypocrisie – Matthieu 23:1-36
- presse d'autres que lui d'être parfaits comme Dieu, sans se mettre au nombre de ceux qui ont besoin de cette exhortation ni laisser entendre qu'il puisse-t-être moins que parfait – Matthieu 5:20
- se différencie de ses « méchants » auditeurs – Matthieu 7:11

17

- n'est jamais accusé de ne pas vivre à la hauteur de ses enseignements
- fait des déclarations étonnantes qui seraient totalement arrogantes si son statut moral ne correspondait pas à ses affirmations – Jean 8:12
- n'est jamais accusé de péché, même lorsqu'il enjoint ses auditeurs à aller dans ce sens – Jean 8:44
- proclame qu'il fait la volonté de Dieu d'une manière qui suggère qu'il est à ses yeux impensable de faire les choses autrement – Jean 10:37; 14:10-11, 31; 15:10; 17:4
- proclame qu'il est un avec le Père – Jean 10:30 et 17:22

La première église se référait souvent implicitement à la nature sans péché de Jésus quand elle le décrivait comme « saint » et « juste ». Nous le voyons par exemple dans Actes 2:27; 3:14; 4:30; 7:52; 17:31.

Jésus était totalement exempt de péché. Son impeccabilité se voit le mieux dans l'enseignement de Paul au sujet du salut. De même que l'épître aux Hébreux montre que Jésus devait être pleinement humain pour agir en tant que médiateur et souverain sacrificateur, de même 2 Corinthiens 5:21 et Galates 3:13 montrent que Jésus devait être entièrement sans péché pour que sa mort soit un sacrifice acceptable et efficace. Lorsque nous y faisons attention, il devrait être clair que Jésus ne pouvait être fait péché que s'il était sans péché et qu'il ne pouvait être fait malédiction que s'il n'était pas lui-même sous une malédiction.

Certains érudits se sont demandé si la nature absolument sans péché de Jésus signifiait qu'il lui était impossible de commettre le péché. Toutefois le Nouveau Testament affirme à la fois qu'il a été testé comme nous en toutes choses et qu'il était sans péché.

Le Fils pleinement humain

D'autres érudits se sont demandé si Jésus avait pu être vraiment humain sans être prédisposé au péché comme le sont tous les êtres humains. Mais le Nouveau Testament ne laisse jamais entendre que Jésus a dû devenir identique à l'humanité dans sa nature déchue pour la racheter du péché. Au contraire, il montre que Jésus était un autre Adam – qu'il était vraiment humain (comme Dieu avait l'intention et a l'intention que le soit toute l'humanité) mais sans la nature déchue postérieure au jardin d'Eden.

Comme Adam l'a démontré, même l'humanité parfaite et non déchue avait la liberté de pécher lorsqu'elle faisait face à la tentation réelle. Le vrai prodige de l'humanité sans péché de Jésus est qu'il est le seul à ne pas avoir succombé à la tentation de dire « non » à Dieu – et c'est à cela que nous devons notre salut.

Le Fils

Dans le livre *Connaître le Père*, nous voyons que la Bible révèle bien des facettes de la nature de Dieu. Elle le fait de deux manières : par les noms sous lesquels Dieu se fait connaître à son peuple, et par les noms et les titres que les hommes utilisent pour s'adresser lui lorsqu'ils sont inspirés.

Il en est de même en ce qui concerne les aspects de la nature pleinement humaine et pleinement divine du Fils. Le Nouveau Testament révèle qu'il est, par exemple :

- Jésus – Matthieu 1:1
- le Christ – Matthieu 1:1
- le fils de David – Matthieu 1:1
- le fils d'Abraham – Matthieu 1:1
- Le roi des Juifs – Matthieu 2:2
- le Nazaréen – Matthieu 2:23
- le Seigneur – Matthieu 3:3
- mon fils bien-aimé – Matthieu 3:17

Connaître le Fils

- le Fils de Dieu – Matthieu 4:3
- Le Seigneur ton Dieu – Matthieu 4:7
- Maître (enseignant) – Matthieu 8:19
- le Fils de l'homme – Matthieu 8:20
- l'époux – Matthieu 9:15
- le Maître du Sabbat – Matthieu 12:8
- le Fils du Dieu vivant – Matthieu 16:16
- le Prophète – Matthieu 21:11
- le Roi – Matthieu 25:34
- Rabbi – Matthieu 26:25
- Jésus le Galiléen – Matthieu 26:69
- le Saint de Dieu – Marc 1:24
- le Fils du Dieu Très-Haut – Marc 5:7
- le charpentier – Marc 6:3
- le fils de Marie – Marc 6:3
- le frère de Jacques, José, Juda et Simon et de toutes ses sœurs – Marc 6:3
- le Fils du (Dieu) béni – Marc 14:61
- l'élu de Dieu – Luc 23:35
- l'Agneau de Dieu – Jean 1:29
- le Sauveur du monde – Jean 4:42
- le pain de vie – Jean 6:35
- la lumière du monde – Jean 8:12
- le Je suis – Jean 8:24
- la porte des brebis – Jean 10:7

Le Fils pleinement humain

- le bon berger – Jean 10:11
- la résurrection et la vie – Jean 11:25
- le chemin, la vérité et la vie – Jean 14:6
- le vrai cep – Jean 15:1
- mon Seigneur et mon Dieu – Jean 20:28
- le Saint et le Juste – Actes 3:14
- le Prince de la vie – Actes 3:15
- le Prince et Sauveur – Actes 5:31
- le Seigneur Jésus-Christ – Actes 28:31
- notre Pâque – 1 Corinthiens 5:7
- la tête de l'église – Ephésiens 5:23
- le Roi des rois et le Seigneur des seigneurs – 1 Timothée 6:15
- l'auteur du salut – Hébreux 2:10
- l'apôtre et le souverain sacrificateur – Hébreux 3:1
- le médiateur de la nouvelle alliance – Hébreux 12:24
- le Seigneur de gloire – Jacques 2:1
- le souverain berger – 1 Pierre 5:4
- la Parole de vie – 1 Jean 1:1
- le témoin fidèle, le premier-né d'entre les morts – Apocalypse 1:5
- l'Alpha et l'Oméga, le premier et le dernier – Apocalypse 1:17
- l'Amen – Apocalypse 3:14
- le lion de la tribu de Juda, le rejeton de David – Apocalypse 5:5

Connaître le Fils

- ◆ Fidèle et Véritable – Apocalypse 19:11
- ◆ l'étoile brillante du matin – Apocalypse 22:16

Même si la plupart de ces titres ne sont utilisés qu'une ou deux fois dans le Nouveau Testament, ils tirent presque tous leur origine de l'Ancien Testament. Nous pourrions apprendre beaucoup de choses sur la nature du Fils et sa mission en faisant une étude attentive de ces noms et de ces titres, mais nous devrions alors considérer leur arrière-plan scripturaire sans lequel il serait impossible d'apprécier leur signification correcte et l'éclairage qu'ils apportent.

Toutefois il y a quatre de ces titres qui reviennent très fréquemment dans le Nouveau Testament. Jésus est souvent appelé « le Christ », ou « le Fils de l'homme », ou « le Seigneur », ou « le Fils de Dieu », et ces noms nous enseignent beaucoup sur la nature unique de son caractère et de son appel.

En simplifiant les choses à l'extrême, on pourrait considérer que chacun de ces titres pointe soit sur sa pleine humanité soit sur sa pleine divinité. Il a souvent été dit que « le Christ » et « le Fils de l'homme » désignent plus son humanité et que « le Seigneur » et « le Fils de Dieu » soulignent sa divinité. Toutefois nous ne pouvons pas suivre cette classification jusqu'au bout car, comme nous le verrons plus loin, un titre tel que « le Fils de l'homme » possède aussi et très probablement un élément de divinité.

Le Christ

Le mot grec *Christos* signifie « l'homme oint », et c'est l'équivalent du terme hébreu « le *Messie* ». Cela montre que Jésus était un homme qui était oint de manière particulière, ou mis à part pour une œuvre spécifique.

« Le Christ » est le titre le plus couramment utilisé à propos de Jésus. Les premiers croyants ont rapidement été appelés « chrétiens », ce qui illustre l'importance de ce titre dans notre approche de la connaissance que nous avons du Fils.

Le Fils pleinement humain

L'arrière-plan de l'Ancien Testament
L'Ancien Testament est dans l'attente d'une ère « messianique » qui promet de merveilleuses choses au peuple de Dieu.

Nous le voyons par exemple dans Esaïe 26-29; 40-66; Ezéchiel 40-48; Daniel 12 et Joël 2:28 à 3:21 (ou 3:1 à 4:21).

Il est toutefois surprenant que « le Messie » ne soit utilisé prophétiquement que dans Daniel 9:25-26; aux autres endroits cette expression se réfère à des gens qui sont « oints » pour des buts particuliers – comme dans 1 Samuel 24:10; Esaïe 45:1; Lamentations 4:20; Habakuk 3:13 et Zacharie 4:14. Dans Esaïe, l'histoire du « oint » Cyrus suggère cinq principes messianiques.

- il était spécialement choisi par Dieu – Esaïe 41:25
- il avait été désigné pour accomplir un dessein rédempteur en faveur du peuple de Dieu – Esaïe 45:11-13
- il avait été désigné pour exécuter le jugement de Dieu – Esaïe 47
- il avait reçu la domination sur les nations – Esaïe 45:1-3
- dans toutes ses activités le véritable agent était Dieu lui-même – Esaïe 45:1-7

Dans l'Ancien Testament, il y a trois groupes distincts de gens qui sont oints pour des offices et des services spécifiques :

- les sacrificateurs – Lévitique 4:3
- les rois – 1 Rois 19:15-16
- les prophètes – 1 Rois 19:16

Ces trois fonctions ointes préparaient le chemin pour « l'Oint » qui serait « le prophète, le sacrificateur et le roi » qui serait choisi et oint par Dieu pour inaugurer l'ère messianique.

Jésus le Messie
Les croyants modernes pensent souvent à « Christ » comme étant un nom supplémentaire de Jésus. Pour eux il est Jésus-

Connaître le Fils

Christ de la même manière qu'il y a des Jean Durant et des Mireille Matthieu. Mais « Christ » est son titre et non son nom de famille : il est « Christ Jésus » ou « Jésus le Christ », de la même manière que quelqu'un se nomme « Docteur Grimaldi » ou « Dupont, le boulanger ».

Si nous voulons apprécier la signification de ce titre, il peut être utile de remplacer mentalement le mot « Christ » par l'expression « le Christ » ou « l'Oint » chaque fois que nous trouvons le mot Christ dans le Nouveau Testament. Nous pouvons le faire dans des passages comme Matthieu 1:18; 16:16, 20; 26:63; 27:22, Marc 8:29; 14:61, Luc 2:11, 26; 9:20; 22:67, Jean 4:29; 7:26-31, 40-42; 9:22; 10:24, Actes 2:36; 3:20; 4:26; 5:42; 9:22; 17:3; 18:28 et 26:23.

Bien qu'Actes 10 :38 et Luc 4:18 impliquent que Jésus a été publiquement oint en tant que Messie à son baptême, Jésus utilise rarement ce titre. Cela est peut-être dû au fait que le peuple Juif aurait mal compris ce titre. Ils l'auraient interprété comme signifiant que Jésus était un libérateur politique.

Jésus a bien accueilli ce titre lorsque Pierre l'a reconnu en tant que Messie dans Marc 8:27-30, mais il a ordonné à ses disciples de ne pas en répandre le bruit. Il a aussi admis qu'il était le Messie lorsque le souverain sacrificateur lui a demandé s'il l'était, dans Marc 14:61-64.

Cette déclaration conduisit Jésus à la condamnation à mort, mais Dieu le ressuscita des morts et l'exalta bien haut, proclamant le Jésus crucifié comme « Seigneur et Messie ». Nous le voyons dans Actes 2:36 et Romains 1:4.

Jésus était assez différent du prophète, du sacrificateur et du roi que les Juifs attendaient. Ils croyaient que le Christ serait un autre gouverneur puissant à l'image de David, le oint de Dieu. Or la voix céleste lors du baptême de Jésus dans Marc 1:11 l'acclamait effectivement comme le fils messianique du Psaume 2. Mais en rajoutant rapidement les mots de Esaïe 42:1, la voix montre clairement que l'onction de Jésus se manifesterait autant par un service souffrant que par un gouvernement royal.

Le Fils pleinement humain

La première église

La première église se référait constamment à Jésus en tant que le Christ, et c'était le contenu principal de leur prédication – spécialement de celle qu'ils adressaient aux Juifs. Nous le voyons par exemple dans Actes 3:16-18; 4:10, 26; 5:42; 8:5, 12; 9:20-22; 10:36-38; 11:17; 17:3; 18:5; 24:24 et 28:31.

Actes 9:20-22 montre qu'un élément fondamental de la conversion de Paul a été sa reconnaissance de Jésus en tant que Messie. Il nomme constamment Jésus en utilisant le titre Christ dans toutes ses épîtres.

D'éducation juive, Paul devait avoir partagé l'attente commune aux Juifs d'un Messie qui serait un libérateur politique – si bien que la mort de Jésus aurait dû être la preuve qu'il n'était justement pas le Christ.

Mais pour Paul, la résurrection changeait tout : elle prouvait que Jésus était l'Oint de Dieu, et elle révélait qu'il était venu inaugurer un royaume spirituel qui était ouvert à tous plutôt qu'un royaume physique ouvert seulement aux Juifs.

Puisque Pierre fut le premier disciple à reconnaître Jésus comme le Christ, il n'est pas surprenant qu'il s'étende autant sur l'onction de Jésus dans sa prédication dans les Actes et dans ses épîtres. Des passages tels que 1 Pierre 1:3, 11, 19; 2:21-25; 3:18-21; 4:1, 13; 5:1 montrent que la première église proclamait Jésus comme le Messie qui était à la fois le serviteur souffrant et le Seigneur ressuscité qui avait conquis la mort. De bien des manières, il s'agissait d'une répétition de la révélation céleste donnée au baptême de Jésus.

Fils de David

Le titre « fils de David » est étroitement associé à celui de « Christ » parce que l'Ancien Testament révèle que le Messie est un roi qui descend physiquement de David. Nous le voyons par exemple dans 2 Samuel 7:16, Jérémie 30:9; 33:15, Ezéchiel 34:23-3, 37:24 et Osée 3:5.

Matthieu et Luc font remonter les origines de Jésus à David dans leur généalogie. Ils établissent ainsi son éligibilité à la fonction de Christ et Luc 1:32, 69 révèle prophétiquement qu'il est le descendant tant attendu de David.

Les gens appellent Jésus « Fils de David » dans Matthieu 9:27; 12:23; 15:22 et 21:15. Ces passages suggèrent que les miracles faisaient espérer aux gens que Jésus fut assez puissant pour être le libérateur à venir, mais il ne semble pas qu'ils l'eussent identifié au Messie.

Jésus ne se déclara jamais publiquement comme étant le Fils de David, même dans Matthieu 22:41-46. De même, il n'a jamais rejeté ce titre lorsque les gens le lui ont donné.

Lorsque la première Eglise prêchait aux Juifs, il leur paraissait important d'établir les preuves de la messianité de Jésus en démontrant qu'il était descendant de David. Nous le voyons par exemple dans Actes 13:16-23, Romains 1:3 et 2 Timothée 2:8.

Cette « lignée humaine » prouvait qu'il était humainement qualifié pour accomplir les promesses d'alliance que Dieu avait faites à David et pour régner en tant que roi humain avec une autorité royale. Cet aspect est souligné dans Apocalypse 3:7; 5:5 et 22:16.

Le Serviteur

Nous avons vu que la voix céleste au baptême de Jésus a présenté Jésus à la fois comme le souverain oint du Psaume 2 qui remplirait les bénédictions d'alliance de David et en tant que le serviteur souffrant bien-aimé d'Esaïe 42. Cela signifie que notre compréhension de Jésus en tant que « Christ » doit saisir à la fois l'autorité du « Fils de David » et le service sacrificiel du « Serviteur de Dieu ».

Le titre exact de « Serviteur de Dieu » n'a jamais été utilisé par Jésus et ne lui a jamais été attribué dans les Evangiles. Toutefois il est clair que les auteurs des Evangiles le considéraient comme la personne particulière à laquelle se réfèrent les quatre « chants du serviteur » dans le livre d'Esaïe – 42:1-4; 49:1-6; 50:4-9 et 52:13 à 53:12.

Le Fils pleinement humain

Actes 3:13, 26 et 4:27-30 sont des passages qui montrent que la première Eglise considérait Jésus comme ce serviteur, et beaucoup de fragments des quatre chants du serviteur sont appliqués à Jésus – par exemple dans Matthieu 8:17; 12:8-21; 20:28, Marc 9:12; 10:45, Luc 22:37, Romains 4:25; 8:32-34, Hébreux 9:28, 1 Pierre 1:10-11; 2:21-25 et 3:18.

L'idée selon laquelle Jésus est le serviteur souffrant de Dieu trouve un écho dans quelques-uns de ses autres noms et titres. Par exemple les titres descriptifs suivants sont tous tirés des chants du serviteur: *l'Agneau de Dieu*, l'*élu*, le *Bien-aimé* et le *Juste*.

Le Fils de l'homme

Les Evangiles rapportent que Jésus se décrivait habituellement comme « le Fils de l'homme ». Il est intéressant qu'ils ne mentionnent personne d'autre décrivant Jésus de cette manière et que ce titre ne soit pratiquement jamais utilisé dans le reste du Nouveau Testament.

Les érudits ne sont pas sûrs de la signification de ce titre ni de sa provenance. Le livre d'Ezéchiel utilise le terme 93 fois pour désigner le prophète humain et s'adresser à lui. Certains pensent que cela montre que Jésus utilisait ce titre pour dire qu'il était un représentant de l'humanité. D'autres considèrent qu'il se considérait lui-même comme le représentant de l'humanité. D'autres personnes croient que ce titre se réfère au Psaume 8:4-8 et à Daniel 7:13-14.

Nous ne pouvons saisir la signification véritable de ce titre qu'en remarquant la façon dont Jésus l'utilisait. Jésus semble avoir utilisé ce titre « Fils de l'homme » de trois manières distinctes :

1. Pour se référer à l'œuvre du Fils de l'homme sur la terre:
    - son autorité – Marc 2:10, 28; Jean 9:35-39
    - sa manière de vivre – Matthieu 8:20; 11:19
    - sa signification – Matthieu 12:32

Connaître le Fils

- son ministère – Matthieu 13:37; Luc 19:10; 22:48, Jean 6:27

2. Pour se référer aux souffrances du Fils de l'homme:

- pour prédire sa mort – Marc 8:31; 9:9, 12, 31; 10:33, Luc 11:30, Jean 8:28; 12 :23-24
- pour attirer l'attention sur la signification de sa mort – Marc 10:45, Jean 3:13-14; 6:53
- pour prédire la trahison qu'il subirait – Marc 14:21, 41

3. Pour se référer à l'œuvre et à la glorification future du Fils de l'homme :

- pour décrire son retour – Matthieu 24:37-39, 44; Marc 8:38; 13:26; 14:62, Luc 17:22-30 18:8
- pour révéler son œuvre – Matthieu 13 :41, Luc 12 :8, Jean 1:51; 5:27-30
- pour montrer sa gloire – Matthieu 19:28; 25:31, Luc 21:36

Il est clair que ce troisième usage du titre en question identifie de très près Jésus avec le personnage de Daniel 7:13-14. Quant au premier et second usage de ce titre, il se rapporte évidemment au serviteur souffrant d'Esaïe.

Cela indique que de même que l'expression « le Christ » contient à la fois la majesté du « Fils de David » et la douceur du « Serviteur », de même aussi « le Fils de l'homme » fait la synthèse de la gloire du personnage prophétique de Daniel avec le sacrifice du serviteur souffrant d'Esaïe : cette synthèse est particulièrement visible dans Marc 10:45.

Lorsque nous faisons un survol de la manière dont Jésus utilise ce titre, nous pouvons voir qu'il met en relief trois aspects complémentaires de son caractère.

- son autorité unique – pour pardonner les péchés, pour superviser le sabbat, pour participer au jugement, pour honorer quelqu'un devant Dieu.

- son humilité unique – il a souffert entre les mains des autres, il n'avait pas de domicile, il n'a voulu jouir d'aucun des avantages matériels associés à son titre et il ne s'attendait pas à ce que ses disciples le fassent.

- sa gloire unique – il a souvent parlé de la gloire associée avec la venue future du Fils de l'homme; il a déclaré que ses souffrances étaient le chemin sûr qui mène vers la gloire; Jean 1:51; 3:13 et 6:62 montrent que sa gloire ne sera pas pour lui une nouvelle expérience puisqu'elle lui appartient de droit.

Il est surprenant que dans le Nouveau Testament, le titre « Fils de l'homme » ne soit utilisé que quatre fois en dehors les Evangiles.

- Etienne l'a utilisé dans Actes 7:56 au moment de sa mort pour souligner la gloire du Fils monté au ciel et sa position exaltée à la droite de Dieu.

- En établissant l'humanité de Jésus, Hébreux 2:6-8 cite entre autres le passage du Psaume 8:4-6 comme étant une caractéristique essentielle pour sa fonction de souverain sacrificateur.

- Apocalypse 1:13 et 14:14 utilisent cette expression d'une manière similaire à Daniel 7:13-14 pour décrire un être céleste qui apparaît sous une forme humaine.

Le Jésus humain
Nous avons vu que le Nouveau Testament pointe sur l'humanité totale de Jésus en rapportant une foule de petits événements et d'incidents détaillés et en l'identifiant au « Christ » (l'Oint) et au « Fils de l'homme ».

Ces titres sont complémentaires. Nous pouvons dire qu'en général le titre « le Christ » se réfère essentiellement à qui est

Connaître le Fils

Jésus en tant que Fils (le Oint, le Bien-aimé, l'Elu, le prophète qu'on attendait depuis longtemps, le sacrificateur, le roi …et c…); et que « le Fils de l'homme » pointe sur ce qu'il fait en tant que Fils (il vient du ciel, il pardonne, il guérit, il souffre, il meurt, il juge, il retourne au ciel, il reviendra en gloire et c…).

Alors que nous allons plus loin pour considérer la pleine divinité du Fils et pour voir comment nous pouvons le connaître personnellement (aussi bien que de manière propositionnelle), nous ne devons pas oublier qu'il est pleinement humain et qu'il a, en principe, fait face à toutes les tentations et les problèmes auxquels nous faisons nous-mêmes face.

Lorsque nous répondons à son appel « suivez-moi », nous pouvons être sûr qu'il ne nous appelle pas à le suivre à un endroit quelconque où il n'est pas lui-même allé d'abord, ou à faire quoi que ce soit qu'il n'ait pas fait lui-même, ou à dire quoi que ce soit qu'il n'ait pas dit lui-même, ou à faire face à quoi que ce soit qu'il n'ait pas affronté lui-même.

Chapitre Deux

Le Fils pleinement divin

Nous avons vu que le Nouveau Testament décrit Jésus comme un être humain tout à fait réel: il montre qu'il est né de la manière humaine normale, qu'il a vécu, respiré et qu'il est mort comme toute autre personne, qu'il a expérimenté la douleur et les pressions, la faim et la fatigue, la joie et la peine, les épreuves et la tentation exactement de la même manière dont nous vivons ces choses aujourd'hui.

Mais la Bible insiste aussi pour dire que Jésus était plus que pleinement humain, qu'il était même plus qu'un être humain parfait et sans péché, car elle déclare qu'il était pleinement divin *et* pleinement humain, qu'il était Dieu dans une chair humaine.

L'Evangile de Jean révèle particulièrement clairement la divinité de Jésus et le fait essentiellement en le présentant comme « la Parole de Dieu », le *logos* qui est la révélation que Dieu donne de lui-même, et en rapportant une série de déclarations « *Je suis* » dans lesquelles Jésus semble s'identifier à *Yahvé*, c'est-à-dire avec l'ultime « Je suis celui qui est ».

Nous avons vu que deux des noms et titres les plus communs de Jésus se concentrent aussi sur sa divinité. Il est présenté comme « le Fils de Dieu » dans l'ensemble du Nouveau Testament et dans chacun de ses 27 livres retentit le grand cri « Jésus est *Seigneur* ». Lorsque nous reprenons ces quatre expressions ensemble, nous commençons à apprécier la nature pleinement divine du Fils.

Logos

Nous considérons le *logos* de Dieu, la « Parole » de Dieu de manière plus détaillée dans « *Une Foi Vivante* » et « *Ecouter Dieu* », où nous voyons que le *logos* se réfère à l'entière révélation que Dieu donne de lui-même. Dans la série *l'Epée de l'Esprit*, ces deux livres établissent le fait que Dieu se révèle lui-même pleinement autant par les Ecritures (son *logos* écrit) que par le Fils (son *logos* personnel).

Le mot grec *logos* est l'un des mots les plus distinctifs de l'Evangile de Jean. Bien que le mot *logos* désigne parfois le message de Jésus et parfois pointe sur Jésus lui-même, il signifie toujours quelque chose de plus que les simples mots prononcés. Jean 5:24 et 8 :31, 51, par exemple, montrent que le *logos* de Dieu a besoin d'être entendu et compris correctement afin que son aspect plus profond « auto révélateur » soit apprécié.

L'Evangile de Jean commence avec la « généalogie céleste » du Fils dans 1:1-18 ; cela montre clairement que le Jésus qui est pleinement humain est aussi la Parole éternelle, la pleine révélation du Dieu pleinement divin.

Nous voyons dans *Une Foi Vivante* que l'idée de la Parole de Dieu s'ancre fermement dans l'Ancien Testament. Par exemple, elle révèle que la Parole de Dieu :

- ◆ est impliquée dans la création et le soutien du monde – Genèse 1; Psaume 33:6-9; 147:15-18; 148:8
- ◆ est investie de puissance et d'autorité divine – Psaume 147:15, Esaïe 55:11, Osée 6:5
- ◆ révèle les pensées, les préoccupations et les desseins de Dieu – Psaume 119:9 et 105, Jérémie 20:9, Ezéchiel 33:7
- ◆ est identifiée et s'apparente étroitement à la Sagesse de Dieu – Job 28:12-27, Proverbes 8:1-9, 12

En identifiant Jésus depuis le départ comme le *logos*, l'Evangile de Jean déclare implicitement que Jésus a été impliqué dans la création, qu'il est investi d'un pouvoir divin, qu'il est la révélation de Dieu et qu'il est identifié et s'apparente de près à la Sagesse de Dieu : toutes ces idées sont développées dans

Le Fils pleinement divin

l'Evangile de Jean. Le prologue de Jean présente toute une série de concepts qui sont exposés dans l'Evangile (comme la lumière, la vie, la vérité, la gloire et le monde), mais il contient trois idées de base sur Jésus qui révèlent les principales caractéristiques du Fils en tant que le *logos*.

1. Sa relation avec le Père
Jean 1:1-2 se fait l'écho de Genèse 1:1 et déclare la préexistence du Fils. Jean déclare simplement que le *logos* était avec Dieu et qu'il était Dieu: cela souligne la divinité du Fils sans effacer la distinction qui existe entre sa qualité personnelle de Fils et la qualité personnelle du Père.

Jean 1:1-2 révèle à la fois que le *logos* était la nature de Dieu et que le *logos* et Dieu ne sont pas des termes interchangeables. Bien que la Parole soit Dieu, Dieu est plus que la Parole.

2. Sa relation avec le monde
Jean 1:3, comme Colossiens 1:15, pointent sur la relation du Fils avec le monde. Ce thème est développé dans tout l'Evangile de Jean et nous le considérons plus à fond dans le livre *Atteindre les Perdus*. Nous devrions reconnaître que Jean ne fait pas de distinction entre la puissance créatrice du Fils et celle de Dieu mais qu'il distingue le Fils de la création. Cela signifie que la Parole n'a pas été créée mais qu'elle a toujours existé avec Dieu.

3. Sa relation avec l'humanité
Jean 1:14 explique que le *logos* divin est devenu chair et humain et qu'il a habité parmi les hommes. Dans le livre *Le Salut par Grâce*, nous voyons que le mot utilisé ici signifie que Dieu a « planté sa tente » ou a « tabernaclé » au milieu de l'humanité ce qui nous ramène directement au tabernacle de l'Ancien Testament.

Cette phrase de Jean montre que sa proclamation du Fils en tant que Parole éternelle ne dilue pas l'humanité de Jésus, au contraire elle place le Fils fermement dans l'histoire en tant

Connaître le Fils

qu'être humain de chair et de sang et le révèle comme un être divin qui est en communion constante et éternelle avec Dieu.

« Je suis »
L'Evangile de Jean utilise le pronom personnel « je » plus fréquemment que n'importe quelle autre partie de la Bible. Cette expression confère de la dignité aussi bien que de l'autorité à Jésus et à ses paroles. Jean utilise le mot grec *ego,* « je », 134 fois (contre 29 fois dans Matthieu, 17 dans Marc et 23 dans Luc) pour attirer notre attention sur le Fils – et nous préparer au pronom personnel emphatique *ego eimi*, « moi, je suis » qu'il semble utiliser pour souligner la pleine divinité du Fils.

Les paroles « je suis » de Jésus sont importantes parce que cette expression est utilisée dans l'Ancien Testament en tant que nom personnel de Dieu.

Nous voyons dans le livre *Connaître le Père* que dans Exode 3:14, Dieu s'est présenté à Moïse en tant que *Yahvé*, « je suis ce que je suis ». Pour les Juifs, cet arrière-plan donnait au pronom personnel emphatique « moi, je suis » une signification spéciale de divinité.

Jean rapporte sept paroles dans lesquelles Jésus utilise *ego eimi* « moi, je suis », pour se décrire lui-même:

- Je suis le pain de vie – 6:35
- Je suis la lumière du monde – 8:12
- Je suis la porte des brebis – 10:7
- Je suis le bon berger qui donne sa vie – 10:11
- Je suis la résurrection et la vie – 11:25
- Je suis le chemin, la vérité et la vie – 14:6
- Je suis le vrai cep – 15:1

Dans chacun de ces cas, la parole « Je suis » révèle une fonction divine différente de Jésus – pour soutenir, illuminer, recevoir, prendre soin en se donnant en sacrifice, donner une vie nouvelle, guider et rendre productif. Ce sont des proclamations étonnantes qui sont toutes en premier lieu introduites par le prologue de Jean. Par ces sept paroles, Jésus personnalise ce qui est déclaré sous forme théorique dans le prologue, où il se révèle lui-même comme l'incarnation divine de tout ce que les gens recherchent.

Certains leaders argumentent en disant que les paroles « Je suis » ne sont qu'une auto identification emphatique, alors que d'autres suggèrent qu'elles ne sont que le parallèle de l'utilisation faite par Jésus de la phrase « le royaume de Dieu est semblable à » ; mais les passages de Jean 6:20; 8:24, 58; 13:19 et 18:5 semblent réfuter ces deux possibilités d'interprétation.

Dans Jean 8:57-58, il est demandé à Jésus s'il a déjà vu Abraham. Les interrogateurs de Jésus trouvent que sa réponse était blasphématoire et ramassèrent des pierres pour le tuer.

Pour eux, Jésus avait proclamé qu'il était le divin « je suis » d'Exode 3:14, Deutéronome 32:39, Esaïe 43:10 et 46:4. La réaction de la foule dans Jean 18:5-6 souligne une fois de plus l'importance de cette proclamation réitérée de Jésus où il se déclare comme le grand « je suis ».

La force avec laquelle Jésus utilise de manière absolue l'expression *ego eimi* dans Jean 8:24, 58 et 13:19 doit modeler notre compréhension de ses sept paroles « je suis ». Nous pouvons dire qu'elles expriment exclusivement des qualités et des fonctions divines et qu'elles révèlent des aspects significatifs de la nature divine du Fils.

Le Seigneur

Le mot grec *kurios*, « Seigneur », était utilisé de diverses manières dans le monde du Nouveau Testament. Il exprimait par exemple un respect d'ordre général, ou il était utilisé comme un titre de courtoisie envers un supérieur. Il était utilisé pour s'adresser à l'empereur romain ou aux dieux païens.

Toutefois pour les Juifs, *kurios* avait une signification spéciale, car il était l'équivalent grec de leur mot hébreu

Connaître le Fils

Adonaï qui était l'un des noms racines de Dieu et était utilisé couramment à la place de *Yahvé*.

Cette utilisation très répandue du mot *kurios* se reflète dans le Nouveau Testament: parfois « Seigneur » n'est qu'un titre humain pour exprimer le respect (assez à la manière de « Monsieur »), mais il est plus souvent utilisé comme un titre divin pour souligner la nature divine du Fils en tant qu'*Adonaï*.

Le Seigneur ressuscité
A travers les âges, la plupart des leaders d'église ont cru que Jésus était reconnu en tant que *ho kurios*, « le Seigneur », seulement après (et à cause de) sa résurrection. Ceci apparaît le plus clairement dans l'Evangile de Marc, où la seule personne qui s'adresse à Jésus en utilisant le mot *kurios* avant sa résurrection est une femme syro-phénicienne, dans Marc 7:28, parce qu'elle est une femme du monde des Gentils s'adressant à un homme Juif, pour elle un étranger.

Dans les autres passages de Marc, là où les autres Evangiles utilisent le mot *kurios*, Marc ne le fait pas – par exemple dans Matthieu 8:2 et Marc 1:40, Matthieu 8:25 et Marc 4:39, Matthieu 26:22 et Marc 14:19. Contrastant avec ce silence, Marc 16:19-20 révèle soudain que le Fils ressuscité est maintenant « le Seigneur ».

Ce lien entre « le Seigneur » et la résurrection apparaît de nouveau dans Luc 24:34, ce qui semble être l'explication que Luc donne de sa fréquente utilisation du mot dans son Evangile. Il l'utilise par exemple dans 7:13; 10:1, 39; 11:39; 12:42; 13:15; 17:5-6; 18:6; 19:8 ; 22:61 et 24:34.

Le récit que fait Luc de la naissance de Jésus prépare le chemin à sa « Seigneurie » divine. En effet il y décrit continuellement Dieu comme Seigneur – dans 1:9, 11, 15, 25, 32, 38, 45, 46, 58, 66, 68, 76; 2:9, 2, 23, 24, 29 et 39. Nous pouvons dire que si « Seigneur » signifie Dieu au début de l'Evangile de Luc, il signifie sûrement Dieu dans tout l'Evangile de Luc lorsqu'il l'utilise pour décrire le Fils.

Le Fils pleinement divin

De ce fait, nous pouvons dire que la manière dont l'ange identifie le Sauveur dans Luc 2:11 communique l'idée de Seigneurie divine. Cela suggère que « Christ le Seigneur » est la phrase scripturaire qui recouvre le mieux la notion de la pleine humanité du Fils aussi bien que de sa pleine divinité.

L'Evangile de Jean suit le modèle de base qui consiste à identifier Jésus comme « le Seigneur » surtout après sa résurrection. *Ho kurios* est utilisé seulement trois fois dans les dix-neuf premiers chapitres, mais devient soudain le nom commun qui désigne le Fils dans les chapitres vingt et vingt et un. De manière encore plus frappante, cette expression est associée clairement avec Dieu dans la confession de foi de Thomas, Jean 20:28. Il semble que cette déclaration soit le sommet de l'Evangile sur le plan théâtral comme sur le plan littéraire.

Dans l'ensemble du livre des Actes, les disciples s'adressent au Seigneur ressuscité comme au « Seigneur » (comme dans Actes 1:6, 24; 4:29; 9:5; 10:4, 14; 22:8, 19) et se réfèrent à lui comme au « Seigneur Jésus » ou « Seigneur Jésus-Christ » – comme dans 1:21; 4:33 ; 7:59 ; 8:16 ; 11:17, 20; 15:11, 26; 20:21, 24, 35 et 28:31. Ces passages montrent que les premiers chrétiens étaient convaincus que la résurrection était la preuve de la divinité de Jésus.

Le premier sermon de l'ère de l'Eglise atteint son point culminant dans Actes 2:36 dans la déclaration de Pierre disant que « Dieu a fait Seigneur et Christ ce Jésus que vous avez crucifié. » Les paroles de Pierre dans Actes 2:20-21 et 34-35 montrent que cette déclaration de la Seigneurie divine de Jésus était fermement basée sur l'arrière-plan de l'Ancien Testament dans lequel l'expression « Seigneur » est synonyme de divinité.

Le lien établi par Pierre dans son premier sermon d'évangélisation entre la *Seigneurie divine* de Jésus et sa messianité humaine est d'importance cruciale pour notre connaissance, notre expérience et notre proclamation du Fils. En fait nous pouvons dire que connaître Jésus en tant que

Connaître le Fils

« Seigneur et Christ » est la clef principale de la connaissance du Fils dans la plénitude de son unique et double nature.

D'autres passages dans les Actes, par exemple 9:4-17 et 10:36 montrent clairement que la Seigneurie de Jésus est synonyme d'autorité absolue et de souveraineté totale – soit il est « Seigneur de tout » soit il « n'est pas Seigneur du tout ».

La première Eglise
Toutes les lettres de Paul proclament que Jésus est Seigneur, et des passages tels que Romains 10:9 montrent que cette expression pointe essentiellement sur sa résurrection. Le Fils est le « Seigneur de tout » parce qu'il a conquis la mort et qu'il a été ressuscité par Dieu à cette position d'exaltation suprême.

Pour résumer, la résurrection et la Seigneurie sont tout à fait inséparables, car c'est la foi en la résurrection qui procure la base de notre confession de la Seigneurie de Christ.

Paul proclame Jésus comme Seigneur dans, par exemple, Romains 10:12, 1 Corinthiens 12:3 et Philippiens 2:11. Ces passages expriment ensemble la reconnaissance présente de la Seigneurie de Christ parmi les chrétiens et l'attente de la reconnaissance universelle de cette Seigneurie dans le futur.

Dans 2 Corinthiens 4:5, Paul révèle que la Seigneurie du Fils est l'essence de sa prédication de l'évangile.

Cela suggère que toute prédication contemporaine qui n'annonce pas l'autorité absolue et la souveraineté totale de Jésus n'est pas cohérente avec la révélation que donnent les Ecritures sur le Fils.

Presque tous les livres du Nouveau Testament insistent pour dire que Jésus est Seigneur. Nous en avons l'exemple dans Romains 4:24; 1 Corinthiens 6:14; 2 Corinthiens 1:14, Galates 6:14, Ephésiens 6:23-24, Philippiens 2:11, Colossiens 2:6; 1 Thessaloniciens 5:9 ; 2 Thessaloniciens 1:8; 1 Timothée 1 :1-2; 2 Timothée 1:2, Tite 1:4, Philémon 1:3, Hébreux 13:20, Jacques 1:1; 1 Pierre 1:3; 2 Pierre 3:18; 2 Jean 1:3, Jude 1:17 et Apocalypse 11:8.

Lorsque faisons un survol de la manière dont le Nouveau

Le Fils pleinement divin

Testament présente la Seigneurie de Jésus, nous pouvons dire qu'il utilise ce titre particulier :

- pour mettre l'accent sur la résurrection du Fils et pour symboliser sa conquête sur la mort
- pour sous-entendre que le Fils est pleinement divin et qu'il remplit les mêmes fonctions en tant que Dieu
- pour souligner l'autorité absolue et la souveraineté totale du Fils sur tous les aspects de la vie et de la foi

Le Fils de Dieu
Le quatrième titre principal de Jésus dans le Nouveau Testament pointe sur sa pleine divinité de la manière la plus claire: il est « le Fils de Dieu ». Cela laisse entendre que si nous voulons connaître le Fils avec un minimum d'exactitude, nous devons le connaître dans sa relation unique avec le Père.

Comme c'est le cas pour toute révélation biblique, nous devrions chercher à comprendre le concept de « Fils de Dieu » dans son contexte scripturaire. L'Ancien Testament prépare la voie à ce titre en utilisant l'idée de filialité divine de diverses manières. Par exemple:

- Les anges sont décrits comme étant fils de Dieu, et cela fait allusion à leur nature spirituelle – Genèse 6:1-4, Job 1:6; 2:1
- Adam est identifié à un fils de Dieu, de nouveau pour signifier sa nature spirituelle – Luc 3:38.
- Les Israélites étaient appelés collectivement fils de Dieu pour les distinguer des nations environnantes – Luc 3:38.
- Israël en tant qu'entité a été appelé « mon fils » pour révéler la relation unique Père-fils de cette nation avec Dieu – Osée 11:1
- Le roi oint d'Israël était d'une certaine manière le fils

de Dieu à titre particulier – 2 Samuel 7:14, Psaume 2:7.

Certains ont déduit de cet usage antérieur au Nouveau Testament de l'expression « fils de Dieu » que Jésus n'avait pas utilisé ce titre à la manière dont le font les chrétiens habituellement. Toutefois, comme nous le verrons, cette expression semble bien pointer sur l'unicité de Jésus et sur le fait qu'il est Dieu manifesté sous forme humaine.

Il est à noter que la relation qui unit la première et la seconde personne de la trinité nous est révélée en tant que relation Père-Fils. Comme nous le verrons au chapitre sept de ce livre, cette révélation souligne :

- Que le Père et le Fils sont de même nature
- La priorité du Père
- La soumission du Fils au Père
- L'unité entre le Père et le Fils
- La dépendance du Fils par rapport au Père

Nous considérons la relation du Père avec le Fils dans *Connaître le Père*. Nous y découvrons que dans les Evangiles, Jésus décrit le Père comme « le Père », « mon Père », « mon Père céleste », « votre Père céleste », et « Abba Père » plus de cinquante fois.

Dans *Connaître le Père*, nous établissons que Jésus avait une relation unique avec le Père et qu'il y a une importante distinction entre Dieu en tant que « Père de Jésus » et Dieu en tant que « Père des disciples ». Cette distinction apparaît le plus clairement dans Jean 20:28 mais elle peut aussi se voir dans des passages qui soulignent que Jésus est le Fils « unique » de Dieu.

Nous considérons la relation du Fils avec le Père en détail dans le chapitre sept mais nous devrions noter dès maintenant comment des passages tels que Matthieu 11:25-30, Marc 1:11; 9:2-7; 12:1-12, 35-37; 13:32, Luc 10:21-24 et 22:29 révèlent quelques-uns des éléments de base de la filialité divine de Jésus.

Les écrits de Jean

Du fait que Jean 20:31 déclare que le but spécifique de l'Evangile est d'aider ses lecteurs à croire que Jésus est le Fils de Dieu nous ne devrions pas être surpris que cet Evangile mette l'accent sur ce titre et sur les côtés divins de la nature de Jésus.

Bien que le titre « Fils de Dieu » n'apparaisse que dix fois dans l'Evangile de Jean, Jésus parle de Dieu en tant que « Père » plus d'une centaine de fois. La conscience que Jésus a de sa filialité divine domine l'Evangile de Jean et chaque chapitre offre au moins un aperçu de ce que cela signifie d'être le Fils unique de Dieu.

Il y a quatre occasions dans Jean 1:14-18 et 3:16-18 où Jésus est décrit comme étant le Fils « unique ». Cela prouve que la filialité de Jésus était différente de la nôtre. Jean 1:12 montre que nous pouvons avoir reçu le pouvoir de devenir fils de Dieu, mais Jésus n'a pas besoin de cela car il est un Fils d'une différente sorte. Jean souligne cette spécificité en utilisant le mot grec *huios* – qui signifie « fils » – seulement pour Jésus, et en décrivant la relation avec Dieu de tous les autres croyants par le mot *tekna* – qui signifie « enfant ».

Matthieu 4:3-6 et Luc 4:3-9, 41 rapportent le fait que Satan et ses démons reconnaissent Jésus comme le Fils de Dieu. Mais Jean donne trois exemples où le peuple a reconnu la filialité divine de Jésus – 1:34; 49 et 11:27 – et trois exemples où Jésus proclame qu'il est le Fils de Dieu – 10:36-37; 11:4 et 19:7.

Bien que nous considérions l'enseignement de Jean sur la filialité divine de Jésus de manière plus détaillée dans le chapitre sept, nous devrions noter que cet Evangile suggère plusieurs caractéristiques importantes de Jésus en tant que Fils de Dieu :

- ◆ le Fils est envoyé par le Père et de la part du Père – 3:34; 5:36-38; 7:29; 11:42; 17:4-5
- ◆ le Fils est aimé par le Père – 3:35; 5:20; 10:17; 17 :23-24

Connaître le Fils

- le Fils se soumet au Père et dépend du Père – 5:19, 30; 14:28-31; 15:10
- le Fils est absolument un avec le Père – 5:19-23; 10:30; 14:1, 20; 17:11
- le Fils s'adresse au Père dans la prière – 11:41; 12:28; 17:1, 5, 11, 21, 24, 25
- le Fils est la révélation exclusive du Père – 6:46; 8 :19; 10:15; 14 8-9
- le Fils dit les paroles du Père – 10:18; 12:49-50; 14:24; 15:15; 16:25
- le Fils a reçu toutes choses de la part du Père – 8:16; 13:3; 16:15; 18:11
- le Fils retournera vers le Père – 14:12, 28; 16:10, 16, 28, 20:17

Le thème de Jésus « Fils de Dieu » domine aussi la première épître de Jean. C'est l'une des raisons principales pour laquelle nous pouvons être sûrs que cette épître a bien été écrite par le même auteur que celui de l'Evangile.

1 Jean montre que croire en Jésus en tant que Fils de Dieu devrait être la confession principale des croyants – nous le voyons par exemple dans 2:22-23; 3:23; 4:15; 5:5 et 5:10-13. D'autres aspects de la filialité de Jésus sont soulignés dans 1 Jean 1:7; 3:8; 4:9-10, 14; 5:9-11 et 20.

Unique engendré ou Fils unique?

Lorsque nous considérons Jésus en tant que Fils de Dieu dans l'Evangile de Jean, il est important d'étudier l'expression *monogenes huios* dans Jean 1:14, 18; 3:16, 18 et 1 Jean 4:9 – qui a été traduite soit par « unique engendré » soit plus généralement par « Fils unique ».

La question est de savoir si *monogenes* devrait être traduit par « engendré » ou « unique ». Le mot lui-même nous donne une solution, car il est la combinaison de deux mots grecs:

Le Fils pleinement divin

monos qui signifie « seulement » ou « seul » et *genos* qui signifie « de la même nature, sorte ou espèce ». Ceux qui contestent la traduction « engendré » croient que « engendré » est venu du grec *gennao* – qui signifie « engendrer » – qui a été pris comme la racine de la seconde partie de *monogenes*. En fait la bonne racine est *genos* qui signifie « de même nature ».

Il semblerait donc bien que la bonne définition de *monogenes* pourrait signifier « de nature unique ». Cette expression, lorsqu'elle s'applique à la relation de Jésus avec le Père, ne se référerait donc pas à l'origine de Jésus en tant « qu'engendré » du Père mais plutôt à son statut unique en tant que Fils de Dieu « de nature unique ».

Cette interprétation serait conforme à l'utilisation de *monogenes* dans Hébreux 11:17 où le terme est utilisé à propos de la relation d'Isaac avec son père Abraham. Abraham avait plusieurs fils, ainsi Isaac n'aurait pas pu être le « seul engendré » d'Abraham, comme le disent certaines traductions. Toutefois Isaac, en tant que fils de la promesse, était certainement le fils « unique » et « de nature unique » d'Abraham.

Cette lecture du mot *monogenes* est aussi confirmée par son utilisation ailleurs dans le Nouveau Testament. Par exemple, Luc l'utilise pour décrire le fils « seul et unique » de la veuve de Naïn (Luc 7:12), la fille « unique » de Jaïrus (Luc 8:42) et le fils « unique » du père de l'enfant démonisé (Luc 9:38). L'accent de chacun de ces récits n'est pas mis sur le fait que l'enfant était « engendré » par sa mère ou son père, pas que les parents n'avaient qu'un seul enfant ce qui fait d'autant plus ressortir le désespoir de leur situation.

Cela voudrait dire que l'utilisation de *monogenes* en ce qui concerne Jésus ne met pas en relief le fait qu'il est engendré du Père, faisant ainsi allusion à une forme ou une autre de génération, mais pointe plutôt sur son caractère unique en tant que seul et unique Fils de Dieu.

Que devons-nous faire alors de l'enseignement selon lequel Jésus a été engendré par le Père ? Cette position a bien été la position historique de l'Eglise depuis le Concile de Nicée en

Connaître le Fils

325, souvent décrite comme la génération éternelle du Fils par le Père. Cette doctrine établit que même si Jésus est égal au Père en essence, dans sa personne il est engendré et procède du Père. Ainsi de par son essence il existe par lui-même mais du point de vue de sa personne il est éternellement tiré du Père. C'est dans ce sens qu'il est le Fils éternellement engendré de Dieu.

Dans ce débat chaque position est représentée par de bons spécialistes. La doctrine de la génération éternelle du Fils peut être utile pour donner de la cohésion à la relation du Père avec le Fils, mais on peut remettre en question la terminologie « engendré » en se demandant si elle est vraiment biblique. C'est la raison pour laquelle aujourd'hui les érudits remettent de plus en plus en question la légitimité biblique de cette doctrine.

L'enseignement de Paul
Actes 9:20 rapporte que dans ses premiers sermons, l'apôtre Paul proclamait la vérité centrale selon laquelle Jésus était à la fois « le Christ » et « le Fils de Dieu » – qu'il était à la fois humain et divin. Et Romains 1:1-4 introduit le concept de Jésus en tant que « Fils de Dieu » qui est l'hypothèse fondamentale sur laquelle s'appuie Paul pour présenter Jésus.

Certains leaders ont suggéré que Romains 1:4 signifie que Jésus n'était pas le Fils de Dieu avant sa résurrection. Mais cela n'est pas vrai. Au lieu de cela, Romains 1:4 montre que la résurrection révèle publiquement ce qui était déjà un fait établi.

Nous pouvons dire que les disciples ont eu une meilleure appréciation de Jésus en tant que Fils de Dieu après la résurrection. Il en est de même pour le titre de « Seigneur ». Mais c'est une chose différente que de suggérer que Jésus serait devenu le Fils de Dieu par la résurrection.

Il devrait être clair que la filialité de Jésus est une relation essentielle et éternelle avec le Dieu trinitaire. Et de ce fait, cette relation n'a pas été fondamentalement altérée par

Le Fils pleinement divin

l'incarnation ni par l'ascension. Nous considérons les relations avec la divinité avec plus de détails dans le livre *Connaître le Père*.

Paul identifie Jésus en tant que « Fils de Dieu » seulement dans 2 Corinthiens 1:19 ; Galates 2:20 et Ephésiens 4:13 ; il décrit plus couramment Jésus en tant que « son Fils » – par exemple dans Romains 1:9; 8:29; 1 Corinthiens 1:9, Ephésiens 4:13, Galates 4:6 et Colossiens 1:13.

Pour Paul, la filialité divine de Jésus est entièrement liée avec la mission de Jésus. Ainsi dans Romains 8:3 et Galates 4 :4-5 par exemple, il décrit la manière dont Dieu envoie son Fils dans le monde pécheur pour racheter l'humanité. Nous considérons cela de manière complète dans le chapitre cinq.

Paul met aussi l'accent sur les effets pratiques de la filialité de Jésus sur la vie des croyants. Dans Romains 8 :15 et Galates 3:26-4:7 par exemple, il décrit notre position en tant que fils de Dieu et montre comment cela a été possible.

Ces passages donnent un éclairage précieux sur la relation intime qui existe entre le Père et le Fils. Ils suggèrent aussi que cette relation est un modèle de la relation que Dieu a avec nous.

Jésus est Dieu

Nous avons vu que le Nouveau Testament révèle la divinité de Jésus de plusieurs manières. Il le fait en le présentant comme « la Parole de Dieu », en rapportant une série de paroles « Je suis » dans lesquelles Jésus semble s'identifier avec *Yahvé*, et en le présentant comme « le Seigneur de tous » et le « Fils de Dieu ».

Toutefois, il y a quelques passages importants qui vont même plus loin que cela et déclarent que Jésus est Dieu dans le langage le plus clair possible. Par exemple :

- ♦ L'Evangile de Jean s'ouvre et se ferme sur de claires déclarations au sujet de la nature divine de Jésus. Jean 1:1 affirme que non seulement le *logos* était avec Dieu, mais encore qu'il était Dieu – ce qui est amplifié dans 1:18. Et Jean 20:28 est le merveilleux point culminant de la foi de l'Evangile où Jésus est vraiment simultanément « Seigneur » et « Dieu ».

- ◆ Romains 9:5 est la déclaration la plus forte de Paul sur la divinité de Jésus, mais elle est affaiblie par certaines versions de la Bible qui la ponctuent au mauvais endroit. Il y a plusieurs raisons grammaticales contraignantes qui permettent d'insister pour dire que ces termes se réfèrent à Jésus et non à Dieu le Père et devraient donc être lus de la manière suivante : « Christ, qui est Dieu au-dessus de toutes choses… » et non « Christ. Dieu qui est au-dessus de toutes choses… »

- ◆ Tite 2:13 donne une affirmation tout aussi absolue. Paul se réfère ouvertement à notre « grand Dieu et Sauveur Jésus-Christ » (*Louis Segond, nouvelle édition de Genève 1979*) et non, (comme certains le suggèrent) à « la gloire du grand Dieu et de notre Sauveur Jésus-Christ » (*Louis Segond*). Si Paul avait voulu différencier « Dieu » de « Jésus », il aurait ajouté un second article, et il n'aurait pas utilisé la même expression dans Tite 1:3 (« Dieu notre Sauveur »).

- ◆ Hébreux 1:8 cite le Psaume 45:7 et applique ce passage de manière à montrer que celui qui parle dans le Psaume s'adresse au Fils comme à Dieu. Quelle que soit la signification originale du Psaume en question, l'auteur des Hébreux dans son inspiration a utilisé ce passage pour identifier le Fils à Dieu.

- ◆ 2 Pierre 1:1 est une autre simple déclaration disant que Jésus-Christ est à la fois Dieu et Sauveur.

Ces versets démontrent que la première église savait que le Jésus pleinement humain était aussi pleinement divin. Nous

Le Fils pleinement divin

voyons l'application de cette conviction dans divers passages du Nouveau Testament. Tout d'abord il y a les textes dans lesquels l'adoration qui est normalement réservée à Dieu est parfois donnée à Christ – par exemple dans Matthieu 28:9; 2 Timothée 4:18; 2 Pierre 3:18, Apocalypse 1:5-6; 5:13 et 7:10. Ensuite nous trouvons les textes où des prières sont adressées à Jésus – par exemple dans Actes 7:59-60; 1 Corinthiens 16:22 et 2 Corinthiens 12:8. Enfin nous pouvons citer les bénédictions qui relient son nom avec le nom de Dieu – par exemple dans 1 Thessaloniciens 3:11-12 et 2 Thessaloniciens 3:5,16.

Ces données bibliques viennent contredire la théorie selon laquelle « Jésus est Dieu » serait une invention tardive des chrétiens datant probablement du quatrième siècle. Il est certain que ce sont des formules de confession de foi nées de controverses comme celle de Nicée en 325 qui ont formé les notions théologiques de la divinité de Jésus. Jésus y est décrit comme « Dieu de Dieu » et « consubstantiel au Père ». Mais comme nous l'avons vu, ces idées apparaissent déjà dans le Nouveau Testament.

Pleinement humain et pleinement Dieu
Dans les deux premières parties de ce livre, nous avons vu que le Nouveau Testament présente un paradoxe évident. Il déclare que Jésus de Nazareth est un être humain authentique qui proclamait être et qui était *Adonaï Yahvé*, le Seigneur Dieu ; il révèle qu'il était en même temps un être divin transcendant, préexistant qui est venu pour sauver l'humanité et un être humain parfait et sans péché qui a montré aux hommes comment ils devaient vivre.

Toutefois le Nouveau Testament n'explique pas comment Jésus pouvait être Dieu et distinct de Dieu, ou comment il pouvait devenir homme sans modifier sa divinité au point qu'il cesse d'être vraiment divin, ou comment les deux aspects de sa nature arrivèrent à coexister en lui. Il déclare simplement la double nature de Jésus et laisse le reste à la foi.

Dans l'histoire de l'Eglise, les gens ont lutté avec ce paradoxe

Connaître le Fils

de deux natures dans une seule personne. Certains ont cherché à se concentrer sur la connaissance du Fils pleinement divin. D'autres ont trouvé plus facile de se concentrer sur le Fils pleinement humain. D'autres encore ont essayé de simplifier le paradoxe. Mais cette façon de penser à conduit à des notions non bibliques telles que :

- Le docétisme – qui nie la réalité de l'humanité de Jésus.

- L'apollinarisme – qui diminue l'humanité de Jésus. Pour eux le *logos* divin a pris place dans l'esprit humain de Jésus. Ainsi Jésus ne peut être vu comme totalement humain – à l'exception de son corps.

- L'arianisme – selon lequel Christ, bien que la première et la plus élevée de toutes les créatures de Dieu, est un être créé lui-même. Seul Dieu le Père est éternel.

- L'ébionisme – selon lequel Jésus n'était pas préexistant mais entièrement le fils de Joseph et Marie et ne reçut l'Esprit qu'après son baptême. Cette doctrine ressemble à celle de l'adoptionisme – pour qui Jésus est né en tant qu'homme ordinaire mais a été élevé à une filialité divine, très probablement lors de son baptême, par adoption.

- Le Nestorianisme – pour qui Jésus était en fait deux personnes distinctes, l'homme Jésus et le Fils divin de Dieu.

- L'eutychianisme – selon lequel la nature humaine de Jésus a été avalée par le divin pour créer nouvelle nature hybride.

- La kénose – pour laquelle le Fils s'est vidé lui-même de sa divinité pour devenir un homme.

Le Fils pleinement divin

Toutefois, lorsque nous adoptons l'une quelconque de ces approches, nous finissons inévitablement par passer à côté de la connaissance du Fils tel qu'il est révélé dans les Ecritures. L'une des caractéristiques des sectes aujourd'hui est une mauvaise compréhension de l'une des natures ou des deux natures de Christ. Par exemple, les témoins de Jéhovah croient que Jésus a été créé par le Père comme l'archange Michel et qu'il est donc un dieu inférieur au Père. La Science chrétienne enseigne que Jésus n'était pas Dieu mais un homme qui a répandu « l'idée de Christ ». L'église unitarienne enseigne que Jésus était un homme parfait qui a atteint un niveau de divinité inférieur.

Mais le Jésus de l'Ecriture est à la fois pleinement divin et pleinement homme, 100% Dieu et 100% homme. Il n'est pas demi Dieu ou demi homme, ni 10% Dieu et 90% homme. Ses deux natures ne sont pas mélangées ou combinées pour former un nouveau type de nature Homme-Dieu. L'enseignement de la Bible – parfois décrit comme « l'union hypostatique » – dit que la personne une de Jésus est à la fois de nature divine et humaine.

Qu'importe combien il est difficile de comprendre la doctrine biblique du Christ avec notre pensée, nous ne devons pas nous éloigner du paradoxe essentiel du Nouveau Testament. Au lieu de cela, nous pouvons être sûrs qu'alors que nous saisissons la parole de Dieu dans notre pensée, et alors que nous ouvrons notre esprit au *logos* écrit de Dieu, l'Esprit du Fils de Dieu nous rendra capables de connaître le Fils dans le miracle total de sa nature unique et double.

Chapitre Trois

Un être unique

Tout le monde sait que le Nouveau Testament contient quatre récits de la vie et de la mort de Jésus-Christ. Les livres de Matthieu, Marc, Luc et Jean sont l'œuvre parfaite de Dieu le Saint-Esprit dans le portrait qu'ils font de la nature et de la mission de Dieu le Fils: chaque verset de chacun des Evangiles est soufflé de Dieu et vital pour guider nos vies et nous enseigner comment nous devrions vivre.

Les quatre Evangiles communiquent la vérité sur l'être unique du Fils de la manière la plus complète possible en décrivant sa vie et sa mission à partir de points de vues légèrement différents mais complémentaires.

Les quatre premiers livres du Nouveau Testament ne font pas que corroborer chacun les trois autres (bien qu'ils le fassent), car ils sont plus que de simples témoignages répétitifs. Chacun poursuit son propre objectif et fait sa propre sélection d'événements et son propre arrangement des faits. Chacun possède sa thématique spécifique et souligne divers aspects du message de Jésus. Et chacun inclut de la matière propre à cet Evangile tout en semblant ignorer certains incidents ou détails que l'auteur aurait dû connaître.

Tout cette composition a été le fruit d'une direction et d'une inspiration attentives de l'Esprit et signifie que nous devons considérer l'ensemble des quatre Evangiles. C'est ainsi que nous pourrons connaître *la Parole Personnelle* de Dieu de la manière dont *sa Parole écrite* la révèle.

Matthieu
Dans l'ensemble de son Evangile, Matthieu présente Jésus essentiellement en tant qu'un roi qui est venu fonder un

Connaître le Fils

royaume: il met en relief les questions de leadership et d'autorité et se concentre sur le royaume céleste de Dieu.

Matthieu présente les lettres de créances royales de Jésus en plaçant une généalogie au début de son Evangile. Il suit l'arbre généalogique de Jésus depuis Abraham, en passant par David et la lignée des rois d'Israël, jusqu'à Joseph, le père *officiel* de Jésus.

Dans son récit de la nativité (1:18–2:23), Matthieu met l'accent sur le thème de l'autorité, illustre la royauté de Jésus et éclaire le mystère de l'accroissement du royaume de Dieu. L'action se concentre sur Joseph (la tête de la maisonnée) et souligne sa parfaite obéissance. Bethléem est identifiée comme la localité promise de laquelle un leader sortira pour gouverner le peuple de Dieu. De grands hommes venant de l'Est recherchent un nouveau roi. Les nouvelles d'une naissance royale alarment Hérode, le roi des Juifs.

Matthieu semble faire le portrait de la nativité comme celui d'un conflit entre des rois et différentes manières de régner. Le puissant usurpateur tente de tromper les Sages, essaye de tuer Jésus et fait périr les enfants de Bethléem. En revanche, l'héritier de droit est paisible, vulnérable, doux – et protégé par Dieu qui œuvre en utilisant des êtres humains obéissants.

Matthieu rapporte cinq blocs d'enseignement pleins d'autorité de Jésus (5-7; 10; 13; 18; 24-25), et ces cinq discours semblent offrir un parallèle aux cinq livres de la loi Juive. Ces textes d'enseignement se concentrent sur les thèmes du « royaume des cieux » et de la « justice » pour révéler le caractère céleste et moral de l'autorité royale du Fils.

Matthieu recueille également dix miracles de 8:1 à 9:37 pour illustrer l'autorité du royaume de Dieu sur le monde physique et spirituel. Ces miracles révèlent Jésus en tant que dominateur sur la nature, sur la maladie et sur les démons.

Matthieu est le seul Evangile qui mentionne « l'Eglise ». Dans les passages suivants, il enseigne que l'Eglise recevra une puissance royale et une autorité célestes (16:18-19 et 18:15-20).

Un être unique

Dans le chapitre 21 versets 1 à 16, Matthieu fait le récit de l'entrée de Jésus dans Jérusalem en tant que roi avec plus de détails que les autres Evangiles. Il continue dans 22:1-14 par une parabole qui montre que le roi peut choisir qui il veut faire entrer dans son royaume. Il met les scribes et les pharisiens en accusation de manière unique dans 23:1-39 à cause de leur abus d'autorité et de leur vie inique, et dans 24:1 à 25:46, il donne un enseignement assez détaillé sur la seconde venue du roi qui reviendra avec une autorité universelle pour juger et régner.

Lorsque Matthieu raconte la passion et la résurrection, dans 26:1 à 28:20, il fait un récit complet du procès de Jésus par le gouverneur romain et s'arrête ostensiblement sur la question posée par Pilate dans 27:11 et les moqueries des soldats dans 27:29. Il rapporte ensuite plusieurs détails remarquables qui soulignent la puissance et l'autorité uniques de la mort et la résurrection de Jésus. Il est par exemple le seul à décrire :

- le tremblement de terre surnaturel – 27:51
- l'ouverture des tombes – 27:52
- les saints ressuscités – 27:52
- les gardes – 27:62-65
- les scellés sur la pierre – 27:66
- le violent tremblement de terre – 28:2
- l'ange qui roule la pierre – 28:2
- les femmes qui se prosternent devant Jésus – 28:9
- les femmes qui obéissent à Jésus – 28:10-11
- les autorités injustes qui mentent – 28:11-15

Finalement, Matthieu conclut son Evangile en choisissant des termes qui mettent une fois de plus en valeur l'autorité royale du Fils (28:18 et 28:20) et font encore appel à une obéissance venant d'un cœur entier de la part des sujets de Jésus.

Connaître le Fils

Marc

L'Evangile de Marc ne représente pas tellement le Fils en tant que roi puissant qui vient pour régner mais plutôt en tant que serviteur souffrant qui vient pour servir et s'offrir lui-même en sacrifice pour toute l'humanité. Dans son court récit de la mission unique du Fils, Marc éclaire avec délicatesse beaucoup de petits détails de la vie de Jésus qui, ajoutés les uns aux autres, suggèrent l'image et le parfait exemple du service patient.

Marc ne donne pas d'arbre généalogique ni de détails sur la naissance de Jésus. Pour lui, ce n'est pas l'origine des serviteurs qui compte mais le travail qu'ils font, et s'ils le font bien. Contrastant avec les autres Evangiles, Marc passe rapidement sur le baptême de Jésus, ne donne aucun détail sur sa tentation dans le désert et passe directement à son service en Galilée.

Marc ne rapporte aucune occasion à laquelle Jésus aurait fait une longue proclamation royale sur les lois des son royaume et il ne décrit qu'un nombre limité de jugements donnés par le Fils. En effet pour lui, le service se trouve plus dans l'action que dans les paroles. Il ne mentionne que huit courtes paraboles et la plupart d'entre elles ont un rapport évident avec le service.

Marc semble utiliser le mot grec *euthus*, « aussitôt » ou « immédiatement » pour souligner ce thème du service qui lui est propre. *Euthus* apparaît quatre-vingt fois dans le Nouveau Testament et pour plus de la moitié dans l'Evangile de Marc où il semble suggérer la réponse rapide d'un serviteur empressé.

Marc mentionne beaucoup de petits détails sur la vie de Jésus qui sont omis par les autres Evangiles dans leur récit des mêmes événements. Ce sont ce genre de détails qui ne sont notés que par quelqu'un qui a les yeux d'un serviteur qui sait admirer et remarquer la discrétion du service chez d'autres que lui-même. Par exemple Marc relève les choses suivantes:

- ◆ Il la fit lever en lui prenant la main – 1:31
- ◆ Il promena les regards sur eux avec indignation – 3:5

Un être unique

- Ils se rendirent à la maison – 3:20
- Il jeta les regards sur ceux qui étaient assis tout autour de lui – 3:34
- Il entra dans la maison – 7:17
- Il se retourna et regarda ses disciples – 8:33
- Il le prit par la main et le fit lever – 9:27
- Il prit le petit enfant dans ses bras – 9:36
- Il les prit dans ses bras – 10:16
- Il s'était mis en chemin – 10:17
- L'ayant regardé, il l'aima – 10:21
- Il suivit Jésus sur le chemin – 10:53
- Il se promenait dans le temple – 11:27

Dans 7:31-37 et 8:22-26, Marc décrit deux miracles qui ne sont mentionnés nulle part ailleurs et il les utilise pour révéler le désir de discrétion de Jésus. Dans Marc, le Fils veut servir sans être vu, il est prêt à servir sans recevoir de remerciements, exige la discrétion et essaye de se cacher – comme dans 7:24.

Toutefois un bon serviteur se met habituellement à l'entière disposition des autres. Or Marc montre comment le Fils permet aux gens de faire irruption dans sa vie privée. Nous le voyons dans 1:35-39; 3:20; 6:31-34,45 et 54-55.

Marc n'ignore pas la puissance et l'autorité de Jésus, mais il s'y réfère plus courtement que dans Matthieu. Il donne des révélations uniques qui permettent d'entrer dans certains secrets clefs concernant la puissance de Jésus.

Marc entre dans plus de détails que les autres Evangiles sur les difficultés auxquelles le Fils a dû faire face et qu'ils a ressenties. Nous le voyons notamment dans 3:5,21; 6:6; 7:34 et 8:12. La plus grande souffrance de Jésus a eu lieu sur la croix. Or, son Evangile laisse transparaître une profonde conscience de la croix.

Connaître le Fils

Dans l'ensemble de Marc, la croix est révélée à la fois comme le prix et la gloire du service. Les huit premiers chapitres préparent le moment où les apôtres réalisent finalement qui est Jésus et sont prêts à apprendre ce qui concerne la croix. A partir de ce moment-là c'est le thème de la souffrance et de la mort qui domine l'Evangile, comme nous le voyons dans 10:21, 30 et 45.

Marc conclut son Evangile assez différemment des autres auteurs en montrant que le Fils ressuscité est toujours et encore un serviteur. Nous avons déjà vu que dans 16:20, Marc identifie soudainement Jésus au « Seigneur ». Toutefois nous devrions aussi noter le discret rappel de Marc lorsqu'il montre que le Seigneur ressuscité continue à servir ses disciples sur la terre et à confirmer sa Parole par les signes qui l'accompagnent. C'est avec cette petite touche bien à lui que Marc conclut son Evangile.

Luc

L'Evangile de Luc ne présente pas le Fils principalement comme un roi ou un serviteur mais plutôt comme l'être humain idéal, le spécimen parfait de l'humanité, le modèle de vie pour tous les hommes.

Luc souligne le fait que Jésus a été éprouvé en toutes choses, qu'il est sujet aux conflits et aux émotions ordinaires de la vie, tout en restant néanmoins sans péché. Nous pouvons dire que cet Evangile révèle le Fils en tant qu'ami compatissant des pécheurs par excellence et comme la personne à suivre.

Luc insiste beaucoup sur les événements qui entourent la naissance de Jésus et utilise cette histoire pour introduire certains de ses thèmes distinctifs: l'humanité de Jésus, la place des femmes, le traitement des pauvres, le soin apporté aux petits enfants, l'aide du Saint Esprit, l'hospitalité, les miracles de guérison, la louange et la joie.

Dans 1:5 à 2:38, Luc montre que Dieu veut attirer à lui des gens ordinaires, pour les remplir de l'Esprit et les utiliser en leur demandant de transmettre la bonne nouvelle autour d'eux.

Un être unique

Dans 3:23-38, Luc fait remonter les ancêtres de Jésus à Adam, montrant ainsi qu'il est le frère de toute l'humanité.

Le récit que Luc fait de la nativité se concentre sur la réponse de Marie à Dieu, sur les bergers qui rendent leur visite les mains vides, sur la pauvreté des parents de Jésus, sur les miracles qui affectent l'humble Zacharie, et sur le Saint-Esprit, la louange et la joie. Nous le voyons par exemple dans 1:14, 28, 44, 47, 58, 64; 2:10, 13, 20 et 38.

Luc est le seul à situer le Fils sur la scène historique et politique – 3:1-2,19; 4:16. Dans la première partie de son Evangile, il propose plusieurs clefs concernant l'identité de Jésus et présente beaucoup de gens qui se demandent qui peut bien être Jésus, par exemple dans 1:31-33; 3:15-17, 22; 4:17-22, 23; 7:18-20; 8:25 et 9:7-9. Tous ces indices conduisent au passage de 9:20-21 où Luc dévoile Jésus comme « le Christ de Dieu ».

Luc se concentre sur l'enseignement du Fils au sujet de l'argent et fait souvent des remarques concernant les finances des personnages qu'il décrit, comme dans 3:10-11; 7:5-6; 8:1-3 ; 19:8-10; 21:1-4 et 23:50-54. La plupart des paraboles qui sont propres à Luc traitent du sujet des richesses et même le miracle qu'il est seul à rapporter dans 5:1-11 est en partie un test économique : laisseront-ils leur prise exceptionnelle sur le rivage, l'abandonnant à d'autres pour de leur côté suivre Jésus? Cet accent ressort le mieux dans 12:33-34. En effet, si la justice est la caractéristique la plus importante du royaume pour Matthieu, c'est la générosité qui prime pour Luc d'après ce passage.

Pour Luc, le Fils est quelqu'un qui se situe clairement du côté des plus humbles membres de la société : son premier lieu de repos est une crèche, son dernier lieu de repos est la tombe de quelqu'un d'autre et entre deux il n'a pas de lieu où reposer sa tête. Luc rapporte même que les parents de Jésus durent faire l'offrande réservée aux pauvres. Nous voyons ces choses dans 2:16, 24: 9:58 et 23:53.

Connaître le Fils

C'est Luc qui révèle que le Fils est un homme de prière : Jean rapporte peut-être la plus longue prière de Jésus et Matthieu est celui qui donne le plus de détails sur la prière du Notre Père, mais Luc montre que la prière remplit tous les aspects de la vie de Jésus – nous le voyons par exemple dans 3:21; 5:16; 6:12; 9:18, 28; 11:1-8; 18:1-14; 19:45-46; 22:32, 40, 45; 23:46 et 24:30-31.

L'Evangile de Luc montre clairement que le Fils est une bonne nouvelle pour des hommes et des femmes ordinaires. Il décrit cinq occasions où Jésus est invité à un repas, et certains des enseignements de Jésus qui représentent le plus grand défi sont donnés dans ce genre de cadre informel. Nous le voyons notamment dans 5:32; 7:36-50; 1:37-54; 14:1-14.

Dans l'ensemble de son Evangile, Luc présente une série de personnages qui réagissent de diverses manières face au Fils : il commence par faire une description détaillée de la manière dont Dieu s'y est pris avec Zacharie, et finit son Evangile par retransmettre la conversation de Jésus avec Cléopas. Avec Zachée, ce sont les grands exemples que Luc donne de gens ordinaires qui sont transformés par Dieu.

Luc souligne l'attitude radicale de Jésus envers les femmes dans une série de passages qui révèlent la place qu'elles eurent dans son ministère : 7:11-16, 36-38; 8:1-3; 10:38-42 ;11, 27-28; 13:10-17; 15:8-10; 18:1-8 ;23:49, 55 et 24:10.

Luc rapporte environ le même nombre de miracles que Matthieu et Marc mais sa sélection est assez différente. Alors que les deux Evangiles précédents décrivent plus de confrontations de puissances avec la nature et les démons, Luc se concentre sur des miracles de guérison. Il fait la description de dix miracles qui ne sont décrits que dans son Evangile: 1:20-22, 24, 64; 5:4-7; 7:11-17; 10:17; 13:10-17; 14:1-6; 17:11-19 et 22:51.

Tous les miracles de Luc se concentrent sur Jésus, mais ils ne sont pas tous opérés par le Fils. Les passages de Luc 1:20-22, 24, 64 montrent que Dieu opère des miracles de manière souveraine, et ceux de Luc 9:10; 9:49-50 et 10:17 montrent qu'il peut faire des miracles par l'intermédiaire de qui il veut, pas seulement Jésus.

La version de Luc sur la passion de Jésus est similaire à celle des autres Evangiles, mais il ajoute quelques détails supplémentaires, par exemple 22:51, 22:64 et 2:39-43. Bien que le récit de Luc soit le plus bref sur ce sujet, il transmet une angoisse frappante par son intensité. Luc 22:42-44 décrit Jésus qui endure une agonie spirituelle sans précédents alors qu'il lutte avec la volonté de son Père: c'est la révélation la plus parlante de Luc sur l'humanité du Fils.

Luc laisse aux autres auteurs le soin de montrer que la mort de Jésus est « une rançon pour beaucoup » et une victoire sur Satan. Il se concentre pour sa part sur la révélation selon laquelle la mort de Jésus est l'exemple ultime de bonté humaine parfaite. Pour Luc, la croix est l'endroit où le Messie remplit sa destinée d'Esaïe 53 en acceptant et en endurant le rejet, la souffrance et la mort.

Cet Evangile se termine exactement comme il a commencé, avec un ange, un miracle et l'incrédulité de la part de ceux qui devraient pourtant être en état de comprendre ce qui se passe. Luc souligne la réalité physique du corps ressuscité de Jésus et inclut une apparition à un disciple ordinaire. Le livre finit ensuite là où il a commencé, dans le temple, et Luc appose sa signature en ajoutant quelques mots sur la joie.

Jean

Jean est l'Evangile qui se distingue le plus des autres, car il présente Jésus non pas tellement comme le fils royal de David ou le serviteur souffrant de Dieu ou encore comme l'exemple parfait de l'humanité, mais plutôt comme le glorieux Fils de Dieu.

Bien que Jean ait connu Marie beaucoup mieux qu'aucun autre auteur des autres Evangiles, il passe en silence les origines humaines de Jésus et commence son Evangile, en 1:1-18, par une généalogie céleste. Il utilise des mots d'une beauté remarquable pour décrire la relation du Fils avec Dieu

Connaître le Fils

et pour montrer sans détours que Jésus est pleinement divin. Dans son « prologue », Jean introduit les thèmes particuliers de la lumière, la vie, la gloire et la vérité qui seront les fils conducteurs de son Evangile.

Dans 1:19-2:12, Jean décrit la première semaine du ministère de Jésus. Tous les quatre Evangiles décrivent la relation terrestre de Jean-Baptiste avec Jésus, mais l'Evangile de Jean en révèle un aspect différent: si Jésus est « la lumière », Jean est « une lampe ». Et si Jésus est « la Parole », le Baptiste est « une voix ».

Alors que Matthieu souligne la prédication de Jean-Baptiste sur le royaume et que Luc met l'accent sur son exigence de repentance dont le fruit doit être la générosité, Jean, lui, rapporte ses déclarations uniques sur le caractère divin de Jésus dans 1:34-35. Et alors que Matthieu montre la réticence de Jean au moment de baptiser Jésus parce qu'il reconnaît en lui une autorité supérieure, alors que Luc de son côté met en relief le fait que Jean et Jésus sont parents sur le plan humain et doivent par conséquent sûrement se connaître, Jean déclare dans 1:33 que Jean-Baptiste ne connaît pas Jésus.

A première vue, cela semble une contradiction insurmontable. Mais nous devons réaliser que Jean écrit sur Jésus le Fils divin et non sur l'homme Jésus. Il est possible de connaître le Fils en tant qu'être humain et serviteur, et même en tant que roi, sans pour autant le connaître en tant que Dieu. Jean-Baptiste connaissait Jésus comme un cousin d'enfance, mais il ne le connaissait pas en tant qu'Agneau de Dieu jusqu'à ce qu'il ait vu l'Esprit demeurer sur lui.

La première semaine décrite par Jean finit par le premier signe opéré par Jésus, et il utilise ce miracle pour faire allusion à deux pensées qu'il développera plus loin dans son Evangile. Premièrement, il suggère que le travail humain finit toujours par une faillite, mais que le Fils tire gloire de l'échec. Deuxièmement, il montre que lorsque les ressources humaines sont épuisées, le Fils pourvoit de manière abondante avec de bonnes choses.

Un être unique

Dans 2:13 à 4:54, Jean dévoile progressivement une série de pensées spirituelles. Premièrement, il souligne que le Fils peut restaurer tout ce que l'humanité a pu ruiner. Ensuite, il explique le miracle de la nouvelle naissance. Enfin il introduit le concept de l'Esprit qui demeure en nous. Nous retrouvons ces points dans 2:20; 3:3 et 4:14.

Jean explique clairement que le Fils est venu apporter la vie. Si Matthieu est concerné par la justice et Luc par la générosité, Jean se préoccupe de la vie. Et si les disciples deviennent juste par l'obéissance au roi dans Matthieu, s'ils deviennent généreux en imitant l'homme Jésus dans Luc, ceux décrits par Jean reçoivent la vie éternelle en croyant au Fils.

La première mention faite par Jean sur la vie et la foi se trouve dans 1:4 et 12. Il établit ensuite le lien entre les deux dans 3:15-16. Puis il entremêle les deux thèmes en les associant étroitement dans le reste de son Evangile, par exemple dans 5:39; 6:40; 11:25-26 et 20:27-31.

Dans 5:1-47, Jean décrit un miracle de guérison unique pour contraster la faiblesse de la Loi avec la puissance de vie qui vient du Fils : de même que dans ce récit seuls les plus forts peuvent bénéficier de la piscine, de même seuls les plus forts sont aidés par la Loi. Et de même que seuls les plus faibles reçoivent la force qui vient du Fils, de même quiconque croit en lui reçoit la vie.

Dans 5:19, Jean laisse entrevoir les premiers contours d'un autre de ses thèmes distinctifs – l'unicité entre le Fils et le Père. A partir de là jusqu'à la fin de son Evangile, il laisse comprendre clairement que Jésus et le Père sont un : le Fils dit ce que le Père dit, va où le Père l'envoie et fait ce que le Père fait. En utilisant cette forme répétitive, Jean souligne à la fois la soumission du Fils au Père et son union avec le Père.

Dans 6:1-71, Jean décrit une seconde Pâque et présente le Fils comme l'accomplissement de la Pâque, par exemple dans 6:35 et 54. Ensuite, dans 7:1-10:21, il décrit une fête des Tabernacles et les passages de 7:37 et 8:12 montrent que Jésus est aussi l'accomplissement de ces deux fêtes.

Connaître le Fils

Jusqu'à ce point, Jean a montré principalement que le Fils est la vie, mais à partir de là il va commencer à développer le thème de la lumière. Jean utilise deux incidents pour révéler la nature extraordinaire de la lumière du Fils. Premièrement, une femme adultère se tient dans la lumière devant Jésus est n'est pas condamnée, alors que les Pharisiens s'éloignent convaincus par leur propre conscience. Ensuite, un aveugle voit. Bien sûr, des aveugles sont aussi guéris dans les autres Evangiles, mais Jean est le seul à associer un tel miracle avec la déclaration extraordinaire de Jésus dans 9:5.

Dans 10:22 à 11:57, Jean parle de Jésus dans le contexte de la fête de la Dédicace. Il s'agissait de la célébration de la grande victoire des Juifs sur les Maccabées dans la période qui se situe entre les deux Testaments. C'était le cadre parfait dans lequel le Fils pouvait annoncer sa grande victoire sur la mort, qu'il confirme par la résurrection de Lazare d'entre les morts. Dans ce passage, Jean souligne à nouveau tous ses thèmes distinctifs – 10:30, 38; 11:10, 25-26 et 40.

La plus grande partie de cet Evangile est assez différente des trois autres Evangiles, mais le long rapport que Jean fait du dernier repas de Pâque de Jésus avec ses disciples est certainement le passage le plus unique de cet Evangile. Les sept premiers chapitres de Jean sont dominés principalement par la vie, les cinq chapitres suivants se concentrent sur la lumière mais le reste du livre est principalement sur l'amour. Jean utilise le mot « amour » huit fois dans les douze premiers chapitres et trente fois dans les neuf derniers chapitres.

L'amour est le thème qui domine le « dernier repas ». Durant tout ce repas, Jean décrit les diverses manières dont Dieu exprime son amour pour ses amis, et il montre comment ses amis devraient répondre à l'amour de Dieu en aimant Dieu et s'aimant les uns les autres. Nous le voyons par exemple dans 13:1,34; 14:21; 15:13; 16 :27 et 17 :26.

Seul Luc utilise l'expression « rempli du Saint-Esprit », et il regarde vers la terre pour montrer que l'Esprit est comme l'aide spécial que Dieu donne aux gens ordinaires. En revanche, Jean rapporte l'enseignement le plus clair que Jésus a donné sur l'Esprit et regarde vers le ciel pour révéler le fait que l'Esprit est issu du Père. C'est Jean qui identifie l'Esprit comme étant « l'Esprit de vérité », le décrit comme le Paraclet, le « consolateur », et présente son œuvre en tant qu'enseignant et que témoin.

Matthieu, Marc, et Luc se concentrent sur l'angoisse humaine de Jésus et sur ses douleurs lors de sa passion. Ils montrent comment il partage sa peine avec ses apôtres. Jean 14:27 observe les mêmes événements sous un angle différent et montre comment Jésus réconforte ses disciples. Il en est de même dans le jardin: Jean 18:4-6 apporte un complément au portrait que Luc fait de la lutte du Fils avec la volonté du Père en présentant un Jésus paisible qui contrôle la situation.

Cet Evangile se termine par un autre rappel qui montre que l'œuvre des hommes finit toujours par un échec, par un autre exemple du Fils qui tire gloire de l'échec, par un autre miracle dans lequel le Fils pourvoit avec une extrême générosité à ceux dont les ressources sont épuisées, et finit ensuite par les trois dernières questions sur l'amour.

L'Evangile de Matthieu se termine avec la déclaration royale que fait le Fils sur son autorité absolue, Marc finit par montrer que le Fils serviteur continue à travailler avec ses disciples, Luc finit avec la promesse du Fils en tant qu'homme d'envoyer plus d'aide à ses disciples, et Jean conclut en montrant que le Fils divin recherche encore l'amour.

Quatre Evangiles, un seul Fils
Nous avons vu que les quatre Evangiles brossent différents portraits du Fils. Chacun d'eux contient des paroles particulières, des thèmes distinctifs et des révélations uniques. Chacun commence et finit d'une manière qui reflète l'accent particulier qui le caractérise.

Toutefois il n'y a qu'un Jésus, qu'un seul Fils, qu'un seul Dieu, qu'une seule croix et qu'un seul « évangile ». Les quatre Evangiles ne conduisent pas à quatre Fils différents. Ils révèlent

Connaître le Fils

plutôt le Fils unique de manières inspirées, complémentaires et en se recoupant. Si nous voulons connaître le Fils dans la plénitude de la révélation biblique, nous avons besoin de le connaître, de l'adorer et de le proclamer de toutes ces manières complémentaires – sans pour autant exagérer un aspect de sa nature ou en ignorer un autre.

Jésus est un être unique parce qu'il est seul à être simultanément pleinement homme et pleinement Dieu. Il est seul à être roi et serviteur, un être humain sans péché et le Dieu vivant. Bien que chaque Evangile se concentre sur des aspects légèrement différents de l'œuvre du Fils et de sa nature, ils présentent ensemble un seul évangile qui traite d'une seule personne.

Quatre « hymnes », un seul Fils
A la suite des quatre portraits détaillés offerts par les quatre Evangiles, le reste du Nouveau Testament se concentre plus sur les conséquences et les implications de l'œuvre du Fils que sur des descriptions détaillées de sa nature et de sa mission. Toutefois il y a deux passages « majeurs » et deux passages « mineurs » qui offrent des résumés inspirés et importants de sa personnalité unique.

Beaucoup d'érudits pensent que ces textes étaient à l'origine des fragments d'hymnes qui avaient été composées et utilisées par la première église avant d'apparaître dans le Nouveau Testament. Quelle que soit leur origine, ils contiennent une information de grande valeur sur le Fils qui nous aide à mieux le connaître.

Philippiens 2:5-11
Cet « hymne » célèbre est étonnement riche en déclarations sur Jésus-Christ le Fils, et donne un enseignement abondant sur sa préexistence, son incarnation et son exaltation.

La préexistence du Fils
Philippiens 2:6 déclare la préexistence du Fils mais certains

Un être unique

leaders ne s'accordent pas sur la signification précise de ce passage. Le mot grec *morphe*, « forme », est traditionnellement compris comme signifiant « essence ».

La plupart des responsables d'église ont toujours cru que ce verset signifiait que la nature divine de Dieu n'a pas cessé d'exister dans le Fils et que le Fils a toujours été entièrement égal à Dieu.

Toutefois, récemment, certaines personnes ont suggéré que le mot morphe signifierait « condition » ou « image » plutôt « qu'essence ». Leur argument consiste à dire que le sens de ce mot est plus en phase avec l'enseignement de Paul dans 2 Corinthiens 4:4 et Colossiens 1:15; et que par conséquent, Jésus n'était qu'un simple représentant de Dieu, assez à la manière dont Adam était une image de Dieu. Nous verrons toutefois, que dans Colossiens 1:15, le mot « image » signifie beaucoup plus qu'une « représentation » car ce mot implique la présence même de Dieu.

On ne peut déduire clairement de Philippiens 2:6 si Christ ne s'est pas attaché à ce qu'il possédait déjà (son égalité avec Dieu), mais y a volontairement renoncé, ou s'il a résisté à la tentation de se saisir de ce qu'il ne possédait pas encore (la dignité royale sur la création), et s'est contenté d'attendre que cette dernière lui soit donnée. Il est possible que ce verset laisse délibérément une ambiguïté qui pointe vers ces deux vérités.

L'incarnation du Fils
Philippiens 2:7-8 décrit l'incarnation du Fils en parlant à la fois de l'acte de l'incarnation et de la vie incarnée. Là encore, beaucoup de gens ne s'accordent pas sur la signification véritable du verset 7.

D'aucuns suggèrent que le Jésus humain n'aurait pas pu être divin si son égalité avec Dieu avait été mise de côté. La plupart argumentent en disant que Jésus a simplement renoncé à son statut public d'égalité avec Dieu; tandis que quelques-uns, moins nombreux, pensent que sa « kénose » (littéralement: il

Connaître le Fils

s'est vidé lui-même) devrait simplement être comprise comme une révélation de sa divine humilité dans laquelle il s'efface lui-même.

Il est important d'apprécier le fait que l'incarnation de Jésus s'est faite par l'addition d'attributs humains et non par la soustraction d'attributs divins. En d'autres termes, Jésus est devenu humain en ajoutant sa nature humaine à sa nature divine déjà existante, et non en soustrayant sa divinité à sa nature humaine ou en devenant quelque chose de moins que Dieu.

La référence que Paul fait à « un serviteur » au verset 7, et sa description au verset 8 semblent se référer au « serviteur de Dieu » d'Esaïe.

De même que le verset 6 déclare que Jésus était pleinement divin, de même le verset 7 établit qu'il était pleinement humain – qu'il était « le Christ », « l'oint » que nous avons considéré dans le premier chapitre.

Bien que le verset 8 suggère que l'humanité de Jésus soit presque l'opposé exact de sa divinité préexistante, Paul n'essaye pas de résoudre la tension créée par la double nature du Fils. Comme tous les autres auteurs du Nouveau Testament, il se contente d'énoncer le mystère de l'incarnation de Jésus sans chercher ni à l'expliquer ni à le justifier.

L'exaltation du Fils
Philippiens 2:9-11 proclame l'exaltation du Fils et suggère qu'elle implique :

- ◆ un acte divin
- ◆ le don d'un nom unique
- ◆ l'adoration de tous les peuples
- ◆ la reconnaissance universelle de sa souveraineté

La plupart des leaders chrétiens croient que Jésus a été exalté à une position même supérieure au statut qu'il avait dans sa préexistence, avant son incarnation. Toutefois certains ne

Un être unique

pensent pas que cela soit possible et ils croient que le verset 9 signifie que Jésus a été ramené à sa position de départ.

Ce qui est important, c'est que Jésus a reçu la position élevée de gouverneur officiel de l'univers et c'est là le statut d'élévation suprême auquel ce passage fait référence. Mais il faut noter que ce statut plus élevé lui a été donné pour amener « tout genou » à fléchir devant l'autorité gouvernementale du Père. Ensuite, selon 1 Corinthiens 15:24-28, le Fils remettra ce « royaume » ou cette autorité gouvernementale à son Père. C'est ce que signifie l'expression de Philippiens 2:11 lorsqu'il est dit que l'exaltation du Fils est « à la gloire de Dieu le Père ».

Le verset 9 de donne pas le nouveau nom de Jésus une fois exalté, mais les érudits ont toujours supposé qu'il s'agissait du titre de « Seigneur » qui, comme nous l'avons vu, est le nom communément utilisé pour désigner Jésus après sa résurrection.

Les versets 10 et 11 soulignent l'exaltation du Fils en prédisant son adoration universelle en réponse à la prophétie d'Esaïe 45:23. C'est là une preuve supplémentaire du fait que Jésus est aussi divin que Dieu lui-même. D'autre part le fait que l'adoration de Jésus glorifie le Père montre que le Fils n'est pas un être divin indépendant.

Colossiens 1:15-20

Ce passage est une merveilleuse description de Christ, qu'il soit ou ne soit pas tiré d'un hymne antérieur à la composition de l'épître. Il montre que le Fils est:

- ◆ supérieur à la création
- ◆ continuellement actif dans la création
- ◆ la plénitude complète de Dieu

La suprématie du Fils

Paul proclame dans Colossiens 1:15 que Jésus est l'image du Dieu invisible et la révélation parfaite de Dieu. La Bible

Connaître le Fils

enseigne toujours que Dieu est invisible, mais Paul proclame de manière radicale la visibilité de celui qui est invisible par sa ressemblance parfaite qui se trouve en Christ. Paul ne laisse pas entendre que Jésus n'était qu'une simple représentation de Dieu mais qu'en lui, l'invisible était réellement devenu visible.

Certains pensent que l'expression « premier-né » signifie que Christ était une créature, mais si Paul avait voulu dire cela, il n'aurait pas spécifié dans le verset suivant que le premier-né était le créateur de toutes choses ! L'ensemble de ce passage met l'accent sur la préexistence et la suprématie du Fils. Tout a été fait « en lui », « par lui » et « pour lui » – il est la source, le centre et le but de toute la création.

Le soutien du Fils
Colossiens 1:17-18 se fait l'écho de Hébreux 1:3 et montre que toutes choses sont tenues ensemble en Christ : il est le principe de cohérence dans l'univers et non pas un créateur absent ou qui a perdu son intérêt pour sa création. De plus il est toujours activement la tête de l'Eglise et il la soutient.

La plénitude du Fils
Colossiens 1:18-19 est le point culminant dans ce que Paul affirme sur le Fils. En déclarant la prééminence du Fils, Paul met l'accent sur le caractère unique du Fils mais il va beaucoup plus loin en établissant le lien entre prééminence et plénitude. Colossiens 2:19 nous montre que la plénitude signifie l'essence totale de Dieu. En simple, tout ce que Dieu est se trouve en Christ.

Il s'agit probablement de la déclaration la plus grande et la plus importante de Paul au sujet du Fils, et tout ce qu'il écrit en plus sur « l'image » et la « forme » doit être compris à la lumière de Colossiens 1:19 et 2:9.

Colossiens 1:20 montre que la plénitude de Dieu qui habite en Christ a un but fonctionnel non seulement pour l'humanité mais aussi pour « toutes choses » – nous considérons cet aspect

Un être unique

des choses dans les livres *Atteindre les Perdus et Le Salut* par Grâce. Cela nous démontre que connaître le Fils est quelque chose de profondément pratique plutôt que passivement théorique. Si nous ne le connaissons pas expérimentalement comme celui qui nous a personnellement réconcilié, et si nous ne le connaissons pas expérimentalement comme le réconciliateur cosmique, toute notre connaissance théorique est un gaspillage de notre temps.

Les autres hymnes
1 Timothée 3:16 et Hébreux 1:3 sont souvent vus comme des fragments de cantiques de la première église qui célébraient le caractère unique de la vie du Fils.

1 Timothée 3:16
1 Timothée 3:16 résume l'incarnation en déclarant que Dieu a été manifesté dans la chair, en notant la relation étroite qui existe entre le Fils et l'Esprit dans la vie incarnée (que nous considérerons au chapitre 6) et en concluant en disant qu'il a été élevé dans la gloire. Cet accent qui est mis sur la destinée glorieuse du Fils se retrouve dans Philippiens 2:11 et Hébreux 1:3.

Hébreux 1:3
Hébreux 1:3 donne un autre point de vue sur l'élévation de Christ en soulignant la relation du Fils avec la création et avec Dieu. Ce passage utilise deux mots grecs importants qui illustrent la relation du Fils avec Dieu. Le mot *apaugasma* est souvent traduit par « reflet » ou « éclat » mais il signifie en réalité « rayonnement ». Ce mot suggère l'éclat éblouissant qui est produit par une lumière brillante et il est utilisé ici pour montrer (comme le font Colossiens 1:15 et Jean 1:14) que la gloire de Dieu pourrait se voir parfaitement dans son Fils.

Le mot grec *charakter* se traduit habituellement par « image » mais il s'agit d'un mot technique qui traduit l'idée d'un outil pour imprimer, comme un tampon ou un sceau,

Connaître le Fils

qui porte l'image exacte de quelque chose afin de pouvoir le reproduire avec exactitude. Cela montre à la fois qu'il y a une correspondance exacte entre la nature du Fils et la nature du Père, et que l'incarnation du Fils est essentiellement fonctionnelle.

Comme Philippiens 2:10-11, ce verset se réfère aussi à l'exaltation du Fils en le décrivant assis « à la droite de la majesté divine ». Cela montre que son exaltation a suivi son acte de purification de nos péchés. Cette séquence est aussi implicite dans la référence que fait l'épître aux Philippiens à l'obéissance du Fils jusqu'à la mort de la croix.

Les quatre hymnes
Les quatre cantiques « christologiques » sont importants parce qu'ils exposent beaucoup d'idées qui sont implicites dans la plupart des titres ou noms donnés au Fils par le Nouveau Testament, et parce qu'ils montrent de manière indéniable que Jésus était à la fois pleinement humain et pleinement divin.

Lorsque nous comparons les quatre hymnes, d'une manière assez comparable à celle dont nous comparons les quatre Evangiles, nous voyons qu'ils associent l'exaltation du Fils à son humiliation et le présentent comme un être tout à fait unique. Les concepts tels que le « ne pas regarder comme une proie à « arracher » de Philippiens 2, de « l'image » et de la « plénitude » de Colossiens 1, du « rayonnement » divin de Hébreux 1, interdisent de penser que le Fils a été rien de plus qu'un simple être humain.

Bien qu'il soit presque impossible pour notre pensée humaine de saisir ou expliquer le mystère de l'incarnation du Fils et de sa nature paradoxalement double, nous devons toujours essayer de garder ensemble son exaltation et son humiliation, sa gloire et son effacement, sa majesté et son service, son autorité et sa douceur, son humanité et sa divinité, sa justice et sa miséricorde. En fait, si nous ne luttons pas pour comprendre la plénitude de la nature unique du Fils, nous ne le connaissons probablement pas très bien.

Chapitre Quatre

Une vie unique

Les quatre Evangiles décrivent une vie assez extraordinaire: les paroles de Jésus, ses œuvres, sa mort et sa perfection sans péché font de lui une personne à part. Il était au cœur des controverses de son époque. Il a été célébré, révéré et injurié depuis bientôt deux mille ans.

Parmi tous les récits différents de la Bible sur les paraboles, les miracles, la compassion, la juste indignation, la crucifixion, etc… du Fils, il y a trois événements uniques qui ressortent.

A travers l'histoire, beaucoup de peuples ont basé leurs enseignements et principes spirituels sur des histoires qui ont eu la vie dure; quelques-uns ont opéré des miracles authentiques; quelques-uns ont montré une profonde compassion; et beaucoup ont souffert une mort terrible. Mais personne d'autre que Jésus n'a fait l'expérience d'une conception virginale, d'une résurrection des morts ou d'une ascension pour aller au ciel.

Même si le Nouveau Testament présente ces trois épisodes surnaturels comme des faits historiques évidents, ils sont une pierre d'achoppement pour beaucoup. Les gens sont d'accord de croire que le Fils était un homme bon, qu'il a opéré des miracles, même qu'il pouvait être Dieu – mais ils ne croiront pas qu'il est né d'une vierge, qu'il est ressuscité des morts et qu'il est monté sur une nuée dans le ciel.

Si nous voulons connaître le Fils dans la plénitude de la révélation des Ecritures, nous devons le connaître personnellement – et le proclamer clairement – comme celui dont la vie a été jalonnée par ces trois événements uniques.

Connaître le Fils

La naissance virginale

Nous avons vu que Matthieu et Luc décrivent l'un et l'autre une naissance totalement inhabituelle et que Luc consacre un espace considérable dans son Evangile au récit de la nativité. Leurs histoires ont fait l'objet de recherches attentives et sont fondamentales pour notre compréhension de cet événement unique dans la vie du Fils.

Luc

Dans 1:27-38, Luc décrit Marie comme étant vierge et rapporte l'annonce de l'ange. Celui-ci dit à Marie qu'elle concevra et portera un Fils dont le nom sera Jésus. Il devait être appelé « Fils du Très Haut » et devenir un roi permanent d'Israël : une fois de plus, cette simple présentation du Fils associe l'humain au divin.

Lorsque Marie, effrayée, demande comment cela peut se faire, puisqu'elle est encore vierge, l'ange n'entre pas dans une explication détaillée sur le mode de la conception. Il annonce simplement que le processus conduisant à la naissance ne se fera pas par la méthode ordinaire de la reproduction humaine mais pas un acte absolument sans précédent du Saint-Esprit.

Dans 1:1 à 4, le Docteur Luc déclare qu'il écrit un rapport circonstancié d'événements sur lesquels il a fait des recherches exactes, qu'il a vérifiés en interrogeant des témoins oculaires et qu'il considère comme « certains ».

Cet expert médical du premier siècle continue par décrire la miraculeuse conception de Jean-Baptiste et la conception surnaturelle du Fils qu'il explique par la puissance de l'Esprit. C'est presque comme si Luc disait: « Je sais que c'est extraordinaire, mais vous pouvez me faire confiance, je suis un médecin, j'ai vérifié les faits, j'ai questionné les personnes impliquées, les choses se sont passées exactement comme je vous les ai dites. »

En continuant par décrire la croissance humaine normale de Jésus, son obéissance à ses parents et sa croissance en sagesse – dans 2:40, 51, 52 – Luc montre que la naissance

Une vie unique

virginale n'oppose pas un déni à l'humanité de Jésus ; c'est de cette manière simple qu'il souligne qu'il y a quelque chose de naturel et de surnaturel à propos du Fils.

Nous devons accepter que Luc présente Marie comme une vierge et la naissance virginale de Jésus comme un fait reconnu. Puisque les critiques les plus sceptiques de l'Evangile de Luc ont été obligés de reconnaître l'exactitude complète des détails historiques, politiques, géographiques et archéologiques donnés par Luc, il est difficile de rejeter ensuite cette partie de son Evangile sans faire preuve d'un préjugé aveugle et irrationnel.

Matthieu
Bien que, comme nous l'avons vu, Matthieu décrive la nativité de Jésus du point de vue de Joseph en laissant souvent Marie de côté, il enrichit néanmoins notre compréhension de la naissance virginale. Il explique par exemple que :

- ♦ Jésus était né de Marie, plutôt que de Joseph et Marie – 1:16
- ♦ Marie découvrit qu'elle portait un enfant venant du Saint-Esprit avant qu'elle et Joseph « n'habitent ensemble » – 1 :18,20
- ♦ Joseph n'a pas « connu » sa femme jusqu'au moment où elle a donné naissance à son enfant – 1:25
- ♦ Ces événements ont accompli la prophétie d'Esaïe 7:14 annonçant qu'une vierge concevrait et porterait un fils, Emmanuel – 1:23

Certaines personnes relèvent le fait que *parthenos* signifie littéralement « une jeune femme » plutôt qu'une « vierge », mais Matthieu montre très clairement que Marie était une femme pure, non mariée, et il est donc justifié de traduire *parthenos* par « vierge ».

Connaître le Fils

Marc et Jean

Nous avons déjà vu que Marc passe sous silence la naissance du Fils et commence directement par son service. Nous avons remarqué que Jean révèle ses origines célestes.

La seule contribution de Marc à notre compréhension de la naissance de Jésus se trouve en 6 :3 où il rapporte que les gens de Nazareth se sont référés à Jésus comme au « fils de Marie », ce qui était contraire à la pratique normale chez les Juifs.

Beaucoup de gens suggèrent que cette expression se réfère à la mort prématurée de Joseph, mais Jean 6:42 vient réfuter cette interprétation. Il est plus vraisemblable que les commentaires des gens dans Marc 6:3 font allusion à une naissance inhabituelle – à l'image de la remarque faite à Jésus dans Jean 8:41.

Jean déclare dans 1:14 que la Parole a été faite chair et qu'elle a habité parmi nous. Cette affirmation n'explique pas comment cet événement remarquable a eu lieu. Toutefois elle exige clairement l'existence d'un mode par lequel un être préexistant puisse devenir un être humain.

Bien que Jean n'explique pas comment Jésus a été conçu et comment il est né, il enseigne beaucoup sur la naissance spirituelle. Beaucoup de leaders pensent que la position du texte de Jean 1:12-13, juste avant le verset 14 est significative et qu'il y a un lien entre la manière dont Jésus est né et la manière dont les croyants expérimentent la nouvelle naissance.

De plus, Jean utilise le même verbe, *gennao*, (qui se réfère à une naissance physique normale) dans tout le chapitre trois – où Jésus déclare qu'il est venu du ciel et relie cette réalité à celle d'être né de l'Esprit.

Gennao est aussi utilisé dans 1 Jean 2:29; 3:9; 4 :7; 5:4 et 18 et cela suggère qu'il y a une sorte de parallèle entre l'incarnation de Christ et l'habitation de Christ en ceux qui sont nés de l'Esprit.

Une vie unique

Paul
Certains érudits maintiennent que Paul ne croyait pas dans la naissance virginale parce qu'il ne la mentionne pas dans ses épîtres. L'argument du silence est toutefois toujours très faible. Si l'on va jusqu'au bout de ce raisonnement, cela signifierait que Paul ne croyait pas dans un grand nombre de rois et prophètes de l'Ancien Testament et dans des pans entiers des Ecritures.

Bien qu'il n'y ait pas de référence explicite à la naissance virginale de Jésus dans les lettres de Paul, il y fait plusieurs allusions. Ce qui est le plus important, c'est que dans Romains 1:3, Galates 4:4 et Philippiens 2:7, Paul n'utilise pas le verbe normal *gennao* pour décrire la naissance de Christ; il utilise à la place de ce verbe un mot difficile à traduire, *genomenos* qui signifie « venir à l'existence » plutôt que « être né ».

La seule explication logique de cette substitution de mot significative et systématique est que Paul cherchait à différentier la « venue à l'existence » de Jésus des naissances humaines normales.

Le but de la naissance virginale
L'argument de certains chrétiens consiste à dire que Jésus devait être né d'une vierge afin d'être séparé du péché originel. Or cette affirmation valide implicitement la doctrine de l'immaculée conception. Cette doctrine déclare que Marie aurait été protégée des traces du péché originel, affirmation qui ne se trouve pas dans la Bible. Nous devons nous rappeler que c'est l'implication de l'Esprit dans la conception qui a garanti le fait que Jésus fut sans péché et non la pureté sexuelle de Marie.

D'autres suggèrent que l'idée d'une incarnation conduit forcément à une naissance virginale. Sinon, Jésus ne serait qu'un homme. Mais Dieu aurait sûrement pu accomplir cela de bien des manières différentes. D'autres ont dit qu'une naissance virginale était nécessaire pour montrer que Dieu était le père de Jésus et non Joseph.

Connaître le Fils

Tout ce que nous pouvons dire de certain à ce sujet, c'est que la naissance virginale souligne fortement le caractère unique de la naissance du Fils est qu'elle est tout à fait appropriée à la nature de celui qui est devenu chair et humain même s'il reste l'égal de Dieu. La naissance virginale n'est pas nécessairement ontologique, c'est-à-dire qu'elle n'est pas indispensable à la divinité de Jésus. Toutefois, elle est utile du point de vue épistémologique, c'est-à-dire qu'elle nous aide à savoir que cet être totalement unique est Dieu. En effet, sa naissance virginale souligne à la fois son origine humaine et divine.

Il y aura toujours un mystère autour de l'incarnation et de la naissance virginale car il y a toujours un mystère qui entoure les événements vraiment uniques. La naissance virginale du Fils n'est peut être pas mentionnée très fréquemment dans les lettres de la première Eglise, mais cela peut être dû au fait que cet événement était tellement profondément marqué dans leur conscience qu'il n'était pas nécessaire de le leur rappeler constamment.

La résurrection

Après la crucifixion de Jésus, les disciples étaient une poignée d'individus abattus qui étaient prêts à retourner chez eux et à leur ancienne manière de vivre. Mais quelque chose s'est passé ensuite qui les a convaincus que Jésus était vivant, et qu'ils possédaient un message qui pouvait transformer le monde.

Les sceptiques qui ne croient pas que le Fils soit ressuscité des morts ont besoin d'expliquer ce retournement de situation et le courage des disciples dans leur proclamation de l'Evangile – en dépit de la terrible opposition à laquelle ils faisaient face. Pour les chrétiens, la résurrection physique de Jésus est l'explication évidente de ce brusque changement dans l'attitude et l'action des disciples.

Dans Actes 2:24, 36, les premiers prédicateurs chrétiens annoncèrent que celui que les Juifs avaient crucifié était ressuscité des morts et que Dieu l'avait fait Seigneur et Christ. Quelque chose devait s'être passé pour produire en eux

Une vie unique

cette conviction, et les auteurs du Nouveau Testament sont unanimes: il s'agit de la résurrection physique de Jésus.

Nous considérons toutes les diverses preuves de la résurrection dans le livre *Atteindre les Perdus* où nous montrons comment répondre aux objections de ceux qui rejettent la résurrection.

La résurrection était tellement importante pour la première église que dans Actes 1:22, seuls les témoins de la résurrection furent retenus comme candidats pour remplacer Judas. Puis, dans l'ensemble du livre des Actes, la résurrection est le sujet numéro un de la prédication et de l'enseignement de la première Eglise. Nous le voyons par exemple dans 3:15, 26; 4:2, 10,33; 5:30; 10:40; 13:37; 17:31 et 25:19.

La prédiction de la résurrection
Matthieu, Marc et Luc rapportent que Jésus a prédit sa mort trois fois et qu'il l'a reliée avec la promesse d'une résurrection qui devait suivre trois jours après. Nous le voyons dans Matthieu 16:21; 17:22-23; 20:19; Marc 8:31; 9:31; 10:34; Luc :22 et 18:32-34.

Jésus a fait cette prédiction plusieurs fois. Cette répétition suggère qu'il savait que ses disciples n'arriveraient pas facilement à comprendre la chose. Le problème des disciples semble avoir été qu'ils se faisaient une fausse idée de la mission de Jésus: Luc 24:21 montre qu'ils mettaient leur espérance en un royaume physique, et leurs espoirs furent perdus au moment de la crucifixion.

Tous les disciples, à l'exception de Jean ont déserté Jésus. Il semble qu'ils n'ont pas été présents sur le lieu de la crucifixion. Ils n'avaient pas de foi dans le but spirituel de la mission de Jésus et ils ne se rappelaient pas qu'il avait prédit sa mort et sa résurrection. Comme les Evangiles montrent que l'idée d'un Messie souffrant était inacceptable non seulement pour les Juifs mais aussi pour les disciples, il n'est pas surprenant dès lors qu'ils aient fui au moment de la crucifixion de Jésus.

Connaître le Fils

L'accomplissement de la résurrection
La Bible n'explique jamais comment Dieu opère de manière créative parce que nous ne connaissons pas et nous ne serions jamais capables de comprendre son procédé divin. Ainsi les auteurs des Evangiles n'essayent pas d'expliquer comment Dieu a ressuscité Jésus d'entre les morts, ils font simplement le rapport de ce qu'ils ont vu:

- la tombe était vide – Matthieu 28:1-15, Marc 16:4-11, Luc 24:2-4,12, Jean 10:1-10
- le Seigneur ressuscité est apparu à des disciples individuellement, à de petits groupes de disciples et même à une foule de cinq cent personnes – Matthieu 28:9, 16-20, Marc 16:9, 12, 14, Luc 24:13-53, Jean 20:14-29; 21:1-23, Actes 1:3, 4-8; 1 Corinthiens 15:6

Comme nous le voyons dans *Atteindre les Perdus*, ceux qui refusent de croire dans la résurrection doivent trouver une explication de remplacement pour ces deux événements, le tombeau vide et les apparitions. Ceux qui affirment que les apparitions furent causées par des hallucinations ne peuvent pas expliquer le tombeau vide. Quant à ceux qui insistent pour dire que la tombe était vide par suite de fraude, ils ne peuvent expliquer les apparitions du ressuscité.

Les apparitions du Fils après sa résurrection confirmèrent le fait et lui donnèrent nombre d'occasions lors desquelles il put enseigner ses disciples sur le royaume à la lumière de sa résurrection.

La proclamation de la résurrection
Dans 1 Corinthiens 15:3-11, l'apôtre Paul dit qu'il a « reçu » :

- le fait de la mort de Christ
- l'interprétation et l'application spirituelles de sa mort
- l'ensevelissement et la résurrection

Une vie unique

- les apparitions qui suivirent la résurrection
- l'attestation de la résurrection par les Ecritures

Paul fait la liste des apparitions de Jésus pour authentifier la résurrection. Il décrit sa propre expérience. Il utilise ensuite ces preuves dans sa proclamation générale et son application de la résurrection dans 1 Corinthiens 15:12-58. Dans ce passage, il affirme que la foi chrétienne serait vaine si Christ n'était pas ressuscité. Pour Paul, la résurrection est au centre de sa foi et de sa pensée, aussi bien qu'au centre de son expérience.

La résurrection ressort de tout l'enseignement de Paul. Par exemple, dans sa lettre aux Romains, la résurrection :

- atteste la filialité du Fils – 1:4
- est mise en rapport avec la justification – 4:24-25
- est mise en rapport avec le salut – 5:10
- est reliée au baptême et à l'entrée dans la vie nouvelle – 6:3
- est liée à l'Esprit – 8:11
- est la garantie de son intercession – 8:34

Les autres lettres de Paul affirment et proclament la résurrection. Nous le voyons par exemple dans Galates 1:1, Ephésiens 1:20, Philippiens 3:10, Colossiens 2:12, 3:1 et 1 Thessaloniciens 1:10. Pour lui, la résurrection du Fils était un fait historique irréfutable et le fondement de sa prédication.

Comme nous, Paul a appris la résurrection par d'autres personnes. Mais Pierre était un témoin oculaire, et il montre la relation de cet événement avec notre nouvelle naissance et notre confiance en Dieu (1 Pierre 1:3, 21-22). Pierre écrivait principalement à des croyants qui souffraient de la persécution et il leur promet que leurs souffrances ouvriront le chemin à la gloire du Christ ressuscité.

Pour Pierre, la réalité de la résurrection est la base indispensable de l'espérance. L'apôtre Jean était un autre témoin oculaire de la résurrection et son livre de l'Apocalypse est axé sur le Christ ressuscité. Nous le voyons par exemple dans Apocalypse 1:5, 17-18.

Dans notre livre *Le Salut par Grâce*, nous avons vu que la résurrection est la preuve de l'identité de Jésus et de ce qu'il a accompli sur la croix. Lorsque nous y pensons de manière approfondie, nous devrions être capables de voir que la double nature du Fils dépend de la réalité de l'événement de la résurrection.

Sans la résurrection, en effet, le Fils ne pouvait être que deux choses. Soit il était un personnage divin qui n'est jamais réellement devenu un homme et qui n'est pas mort. Soit il était un personnage humain qui n'était pas divin, qui est mort et qui n'est pas ressuscité. Seule la résurrection garantit la double nature de Christ et c'est pourquoi elle est vitale pour notre compréhension du Fils et se situe au centre de notre foi chrétienne.

Nous ne pouvons comprendre la résurrection que comme étant un acte surnaturel de Dieu. Bien que, dans Jean 10:18, Jésus ait proclamé avoir le pouvoir de reprendre sa vie après l'avoir donnée, le Nouveau Testament ne laisse jamais entendre que la résurrection fut un acte indépendant de la part de Christ.

La puissance qui se trouve derrière la résurrection est celle de Dieu. Il s'agissait d'un déploiement suprême de la puissance de Dieu. C'était un acte qui vainquait la mort et prouvait que Jésus n'avait pas été touché par la corruption. En ressuscitant son Fils et en le faisant passer de la mort à la vie, Dieu ouvrait pour l'humanité un chemin de la mort à la vie. Cela signifie que la résurrection est une part essentielle du plan de Dieu pour notre salut.

Mais la résurrection signifie encore plus que cela. Elle exprime aussi la satisfaction de Dieu par rapport à ce que Christ a fait sur la croix et elle justifie sa mission. Si Christ n'avait pas été ressuscité, il n'y aurait pas de preuve visible que sa mort ait accompli quoi que ce soit.

De plus, notre assurance que Christ prend encore soin de

Une vie unique

nous aujourd'hui et intercède encore pour nous dépend de sa résurrection. Sa position élevée, son nouveau nom, son statut restauré et son activité présente, toutes ces choses dépendent de sa résurrection. Comme Paul le déclare, sans la résurrection du Fils, notre foi serait inutile et notre espérance serait vaine.

L'ascension

Le troisième événement unique dans la vie terrestre du Fils fut son ascension. Cette montée au ciel complétait sa résurrection et marquait le début de son exaltation.

Les passages de Marc 16:19 et Luc 24:50-51 font le récit du départ de Jésus de cette terre et de sa réception au ciel. Toutefois ils laissent supposer son ascension plutôt qu'ils ne la décrivent. Ni Matthieu ni Jean ne mentionnent le départ de Jésus de cette terre. Mais Jean 3:13; 6:62 et 20:17 prédisent son ascension très clairement.

Actes 1:1-11 est le récit le plus complet de son ascension. Ce passage montre que le Fils a continué à montrer les preuves et « l'infaillibilité » de sa résurrection durant quarante jours et à enseigner les disciples sur le royaume. Il leur recommanda de rester à Jérusalem jusqu'à ce qu'ils soient baptisés du Saint-Esprit. L'ascension elle-même est décrite au verset 9.

Le premier sermon de Pierre, dans Actes 2:14-36 montre comment les disciples comprirent l'ascension. Aux versets 33-34, il dit que Dieu a exalté Jésus à la droite de Dieu et que par conséquent l'Esprit a été répandu. Pierre cite ensuite le Psaume 110:1 pour étayer ce qu'il dit, car, contrairement à David, Jésus est monté au ciel.

Plus tard, dans Actes 3:21 et 5:31, Pierre décrit de nouveau le Fils en le caractérisant par son exaltation dans son ascension. Paul confirme l'événement de l'ascension directement et indirectement, comme dans Romains 10:6-7, Ephésiens 1:4, 9-10, Colossiens 3:1; 1 Thessaloniciens 1:10; 2 Thessaloniciens 1:7, Philippiens 3:20 et 1 Timothée 3:16.

Le livre des Hébreux se concentre plus sur le Christ monté au ciel que n'importe quelle autre partie de la Bible. Jésus est

Connaître le Fils

toujours présenté comme celui qui est assis à la droite de la majesté divine dans les lieux Très hauts, et nous le voyons dans son ascension avec les conséquences que cela comporte dans les passages suivants : 1:3; 4:14; 5:6; 6:20; 7:15-17, 21, 26; 8:1; 9:24; 10:12 et 12:2.

Le passage de 1 Pierre 3:18-22 fait aussi allusion à l'ascension. Il est à la base de toutes les suppositions élémentaires concernant les activités célestes décrites dans l'Apocalypse.

Lorsque nous pensons à l'ascension de Jésus, nous pouvons dire que son importance se trouve plus dans sa signification que dans l'événement lui-même. Par exemple elle était :

- *Le parachèvement de la résurrection* – Jésus, en tant que ressuscité et vainqueur de la mort était les prémices de son peuple ; mais en tant que Fils monté au ciel, il portait ce triomphe de la résurrection au rang de ministère à partir d'une position exaltée, en faveur de son peuple.

- *Le commencement de l'exaltation et de l'intronisation* – Philippiens 2:9-11 souligne les résultats importants présents et futurs de l'ascension; la position actuelle du Fils sur le trône est une base très solide pour notre espérance et notre encouragement.

- *Le commencement de l'intercession céleste* – L'œuvre de Christ de médiation entre Dieu et l'humanité dépendait de l'entrée du médiateur dans le ciel, de même que la fonction d'intercesseur du souverain sacrificateur juif dépendait de l'accès qu'il avait dans le lieu très saint

- *L'accomplissement de la mission divine* – La mission du Fils sur la terre, qui avait commencé avec la naissance virginale finissait par l'ascension : l'incarnation était le Fils pleinement divin devenant chair et pleinement humain, l'ascension était le Fils pleinement divin et pleinement humain retournant vers le Père.

Une vie unique

Au moment de l'ascension, le Fils a emmené la preuve du salut de l'humanité (son « oui » à Dieu, sa parfaite obéissance même jusqu'à la mort de la croix) dans la présence du Père. Puisque l'ascension était l'initiative de Dieu, nous pouvons la considérer comme le sceau de Dieu sur toute la mission du Fils.

- *Christ remplissant toutes choses* – Ephésiens 4:8-10 présente cet aspect de la mission du Fils comme la raison de l'ascension. Christ remplissant toutes choses signifie le rassemblement de toutes choses dans sa propre perfection. Cela ne pouvait se faire que par le Fils exalté. (Il est intéressant de noter que dans Ephésiens 1:22-23, Paul relie cette plénitude à la position de Christ en tant que tête. La plénitude de Christ est sa présence glorieuse et victorieuse remplissant l'univers. Cette plénitude, comme nous le disons dans *La Gloire dans l'Eglise*, doit avant tout se manifester dans l'église (lorsque nous reconnaissons son autorité.)

- *Le don du Saint-Esprit et de ses dons* – Dans Jean 7:39, Jésus déclare que l'Esprit serait donné seulement lorsqu'il serait glorifié, et c'est cela que décrit Ephésiens 4:8 sur la base du Psaume 68:18. C'est pourquoi la Pentecôte était conditionnée par l'étape de l'ascension et que les événements décrits dans Actes 2:33 sont une conséquence directe de l'ascension.

- *L'ouverture de l'accès aux croyants* – de même que le Fils a obtenu un accès auprès du Père par son ascension, de même il a obtenu ce droit pour tous ceux qui sont unis à lui. Cela signifie que l'ascension de Jésus est l'une des grandes sources de l'espérance et de la confiance chrétiennes.

Connaître le Fils

- *Le début d'une nouvelle ère* – l'ère actuelle de l'église est délimitée par deux événements uniques : elle commence avec l'ascension du Fils et elle se termine par son retour – nous voyons ce lien dans Actes 1:11.

L'ère de l'Eglise dans laquelle nous vivons est l'époque du Fils ressuscité et exalté, qui est notre médiateur et notre intercesseur. Notre compréhension de l'histoire de l'Eglise et des événements actuels doit donc être influencée par cette conscience de l'exaltation et du retour de Christ. En effet, selon les Ecritures, le présent est indissociable de l'avenir. Nous considérons cet aspect au chapitre neuf.

Chapitre Cinq

Une mission unique

Dans presque tous les livres de cette série *Epée de l'Esprit,* nous examinons au moins un aspect de la mission unique du Fils. Par exemple dans:

- *La Prière Efficace*, nous considérons le rôle que la prière faite au Père a joué dans la vie terrestre de Jésus.

- *Connaître l'Esprit*, nous voyons comment il dépendait entièrement du Saint-Esprit pour trouver la direction et recevoir la puissance dans son ministère. Nous voyons aussi comment il nous a oints du Saint-Esprit.

- *Le Règne de Dieu*, nous examinons l'enseignement du Fils au sujet du royaume de Dieu.

- *Une Foi Vivante*, nous contemplons sa foi et considérons la manière dont il utilisait la Parole de Dieu.

- *Le Ministère Dans l'Esprit*, nous étudions la manière dont Jésus conseillait les gens, chassait les démons, guérissait les malades et parlait avec une autorité prophétique.

- *Connaître le Père*, nous pensons à ses relations trinitaires en Dieu et son partenariat dans le ministère avec le Père.

- *Ecouter Dieu*, nous voyons comment le Fils discernait ce qu'il devait dire et faire dans sa mission terrestre.

Connaître le Fils

- ◆ *Atteindre les Perdus*, nous nous concentrons sur son ministère d'évangélisation et nous voyons comment il annonçait la Bonne Nouvelle de Dieu avec des paroles, des œuvres et une vie parfaite.
- ◆ *Le Salut par Grâce*, nous nous concentrons sur la mort expiatoire de Jésus, et nous comprenons qu'il est mort pour vaincre Satan, sauver les pécheurs, révéler la nature sainte de Dieu et donner la vie nouvelle de Dieu à l'humanité rachetée.

Les Evangiles
Tous les Evangiles – du premier verset de Matthieu au dernier verset de Jean – sont le récit de la mission du Fils et ce récit est inspiré et dirigé par l'Esprit. Ainsi, si nous voulons sincèrement connaître le Fils, nous devons nous immerger dans les quatre Evangiles. Nous devons les lire et les relire, les étudier et les méditer, permettant au Saint-Esprit de révéler la Parole Personnelle de Dieu par sa Parole Ecrite.

Toutefois, comme nous l'avons vu, les quatre Evangiles ne sont pas identiques. Au lieu de cela, ils offrent chacun une perspective légèrement différente mais parfaitement complémentaire sur la mission unique du Fils.

Par exemple, Matthieu montre généralement que Jésus est venu pour établir le royaume de Dieu et pour vaincre les puissances de ténèbres. Il souligne que la mission du Fils sous-entend la *défaite de Satan*.

Marc fait ressortir que Jésus est venu pour être le serviteur souffrant qui porte la colère de Dieu contre le péché et pour réconcilier les hommes et les femmes avec Dieu: il souligne que sa mission signifie *sauver les pécheurs*.

Luc souligne la vérité selon laquelle Jésus est venu pour être le modèle de tout homme et toute femme ; dans sa mort quotidienne à lui-même et aux désirs de la chair, il est venu montrer à l'humanité comment vivre et mourir : il souligne que la mission du Fils signifie *vivre la vie humaine parfaite*.

Une mission unique

Et Jean révèle que Jésus est venu montrer au monde à quoi Dieu ressemble, révéler et reproduire la nature du Père, être une parfaite révélation du Dieu vivant. Cet Evangile souligne que la mission de Jésus signifie *donner la vie nouvelle de Dieu lui-même* à l'humanité.

Bien sûr, lorsque nous regardons chaque Evangile de plus près, nous voyons toutes les facettes de la mission de Jésus dans chaque Evangile. Mais chaque auteur tend à faire ressortir un aspect différent de la mission de Jésus. Et ils montrent tous que Jésus a rempli toutes les facettes de sa mission par sa vie et sa mort.

Dans ce chapitre, nous considérons la mission du Fils par sa vie, et dans le chapitre huit, nous examinerons le récit que l'Evangile fait de sa mort. Sa mission par sa mort est toutefois tellement grande et importante que nous lui avons consacré un livre entier de cette série, *Le Salut par Grâce*. Comme nous le disons dans l'introduction de ce livre, nous ne pouvons pas connaître le Fils dans la plénitude de la révélation biblique sans étudier à la fois *Connaître le Fils* et *Le Salut par Grâce*.

Le baptême du Fils

Pour les croyants, le baptême fait partie de notre conversion à Christ, de notre initiation dans la vie nouvelle et de notre incorporation à son corps. Pour le Fils, toutefois, c'était une consécration, une identification complète à la condition humaine et une consécration totale à la volonté divine.

L'audacieuse mission du Fils consistant à secourir et racheter une humanité déchue commença avec son baptême et sa tentation, événements qui sont rapportés dans Matthieu 2:13 à 4:11, Marc 1:9-13, Luc 3:21-22; 4:1-14 et Jean 1:29-36.

Lorsque nous examinons ces récits, nous pouvons considérer le début de la mission de Jésus sous différents angles. Nous pouvons voir, par exemple, que le Fils est venu au Jourdain pour obéir au Père et se soumettre à sa volonté. Ensuite, après s'être soumis et avoir obéi, il s'est avancé avec autorité pour dominer sur Satan.

Connaître le Fils

Mais si nous regardons à son baptême d'un point de vue différent, nous pouvons aussi voir que Jésus est venu au Jourdain en étant d'accord d'adopter une position d'humilité et d'accepter de recevoir le ministère de la part de son cousin humain. Le Fils est ensuite allé dans le désert pour être servi par les anges, être avec les bêtes sauvages et se préparer pour un service sacrificiel.

Si maintenant nous contemplons les mêmes événements avec une perspective encore différente, nous pouvons dire que Jésus est *aussi* venu au Jourdain pour être oint du Saint-Esprit. Le Fils a laissé sa famille, ses amis, son travail, sa sécurité et ses possessions derrière lui et s'est mis à la disposition de son Père sans poser de conditions. Ensuite, après avoir été oint du Saint-Esprit, il a suivi l'Esprit dans le désert, prêt à diriger des hommes et des femmes et à les appeler à le suivre.

Finalement, nous pouvons *aussi* voir que Jésus est venu au Jourdain comme « l'Agneau de Dieu » pour montrer au peuple à quoi ressemblait Dieu. En tant qu'Agneau, le Fils est descendu dans l'eau pour symboliser sa mort, et il est remonté de l'eau pour commencer à offrir une vie nouvelle de « résurrection » à l'humanité.

Chaque fois que nous pensons un aspect quelconque de la mission du Fils ou chaque fois que nous le proclamons, nous devons essayer de nous rappeler de ces points de vues complémentaires parce que tous sont vrais et tous sont bibliques. Si nous sous-estimons systématiquement l'une de ces perspectives ou en exagérons toujours une autre, nous ne connaîtrons pas le Fils dans la plénitude de la révélation biblique et ne le ferons pas connaître dans cette dimension.

Bien sûr, dans n'importe quel sermon ou n'importe quelle situation, il sera habituellement juste de mettre l'accent sur un point de vue plus qu'un autre. Mais nous devons apprécier l'ensemble de l'image que la Bible donne de la mission unique du Fils, si nous voulons connaître et proclamer le Fils tel qu'il nous a été révélé dans la Parole.

Une mission unique

Les phases prophétiques du baptême
Il semble qu'il y ait différentes phases dans le récit du baptême de Jésus.

- il descend dans l'eau
- il remonte de l'eau
- il se tient debout en priant
- les cieux s'ouvrent et l'Esprit descend sur lui

Cette séquence prophétique de « mort », « résurrection », « prière » et « onction de l'Esprit » se retrouve dans toute la mission de Jésus sur la terre. Par exemple, nous pouvons dire que le fils est mort tous les jours à lui-même, qu'il a constamment vécu dans la vie triomphante de résurrection, qu'il a toujours été préparé à tous les événements par la prière et qu'il était en permanence rassuré, dirigé et revêtu de puissance par le Saint-Esprit dans chacun des aspects de son ministère.

Cette séquence de phases prophétiques fut ensuite parfaitement accomplie par les événements suivants : la mort du Fils sur la croix, sa résurrection d'entre les morts, ses prières pour ses disciples et pour la venue de l'Esprit et enfin la manière dont il a répandu l'Esprit à la Pentecôte pour équiper l'Eglise en vue de sa mission.

Une fois de plus, il est facile de se concentrer sur l'une seulement de ces « phases », et de chercher à n'appliquer que l'une d'entre elles à la vie des croyants aujourd'hui. Bien qu'il soit tout à fait juste, par exemple, de mettre l'accent sur l'importance de la prière, il n'est pas juste de suggérer que la prière est tout. Jésus s'est effectivement préparé à tout dans la prière, mais il n'a pas seulement prié le Père. En effet, il a aussi continué à accomplir la tâche que le Père lui avait donnée.

De même, bien qu'il soit tout à fait correct de souligner l'importance vitale de l'onction de l'Esprit, il n'est pas juste de donner l'impression qu'il n'y a rien d'autre qui compte. Jésus dépendait vraiment de l'onction de l'Esprit, de la capacité qu'il lui donnait et de sa communion avec lui. Mais il est aussi mort

Connaître le Fils

à lui-même, il a aussi prié le Père, triomphé sur Satan, servi les autres etc...

Aujourd'hui, nous devons certainement mettre l'accent sur l'importance de mourir à soi. Cela ne veut pas dire pour autant que nous devons donner l'impression que la vie de disciple se résume uniquement au renoncement. Jésus est effectivement mort à lui-même sur une base quotidienne, il a vraiment vaincu toutes les pulsions de la chair et il a vraiment vaincu toute tentation démoniaque. Toutefois, sa vie n'a jamais été mauvaise si on considère à quel point elle a été abondante, ointe, pleine de prière, remplie de joie et de vie de « résurrection ».

Ces « phases prophétiques » du baptême du Fils sont toutes des accents bibliques et sont toutes fermement ancrées dans la mission du Fils; mais elles ne sont pas des aspects indépendants les uns des autres ou exclusifs de sa mission. Ce sont des aspects complémentaires et indissociables qui donnent justement à la mission du Fils son caractère unique.

Le symbolisme du baptême du Fils

Lorsque nous pensons à chacune de ces phases prophétiques symboliquement, nous pouvons dire que sa descente dans les eaux présente par exemple:

- le Jugement et la repentance
- le Fils qui porte les péchés du monde
- le Fils qui consacre tout à Dieu
- un grain de blé qui tombe dans la terre pour se reproduire

Ces interprétations symboliques sont toutes aussi valables les unes que les autres mais aucune n'est valable si elle est prise de manière isolée. Nous avons besoin de chaque perspective biblique sur la mission unique du Fils si nous voulons la comprendre et l'interpréter correctement et complètement.

Une mission unique

Lorsque nous considérons les autres phases du baptême, nous pouvons dire que lorsque le Fils remonte de l'eau cela symbolise par exemple:
- l'autorité de sa résurrection
- sa pureté
- son ministère public
- une nouvelle pousse qui se reproduira de nombreuses fois

Nous pouvons aussi dire que Jésus s'est tenu debout dans la prière pour:
- que sa pensée, son corps et son esprit soient entièrement sous l'autorité de Dieu
- l'efficacité de son sacrifice dans la vie de ses disciples
- qu'il vive sa vie sans fautes et accomplisse tout ce que Dieu avait prévu pour lui
- que Dieu se glorifie et rende le Fils productif
- la venue de l'Esprit sur sa vie

Et nous pouvons aussi comprendre l'effusion de l'Esprit comme:
- un revêtement d'autorité pour la confrontation du Fils avec les mauvais esprits et les maladies
- un équipement pour le sacrifice et le service du Fils à l'image de la colombe
- le don d'une assurance d'importance vitale
- l'indispensable ressource pour rayonner de la gloire et de l'amour de Dieu

Evidemment, toutes ces listes d'interprétations symboliques sont également vraies, mais aucune n'est à elle seule la vérité totale. Nous devons reconnaître que Satan cause plus de confusion et de divisions dans l'Eglise en tentant les chrétiens

Connaître le Fils

d'exagérer ou de sous-estimer une vérité particulière qu'en les trompant par de grossiers mensonges.

Qui ou quelle église peut prétendre connaître et proclamer toute la vérité sur la nature complète de la mission de Jésus ? C'est la raison pour laquelle il y a quatre Evangiles et non un seul. Toutefois, comme chacun des Evangiles, nous devrions nous unir à ceux qui apportent un complément à l'accent que nous apportons autant qu'à ceux qui partagent l'accent qui est le nôtre.

Une mission à multiples facettes
Le baptême du Fils est le point de départ de sa mission. A vrai dire, ce baptême symbolise et révèle une mission unique à multiples facettes que Jésus a démontrée dans sa vie et accomplie par sa mort.

Lorsque nous jetons un regard global sur les tendances et les points forts des différents Evangiles, nous pouvons dire que le Père a envoyé son Fils sur la terre avec la mission de briser la puissance du malin. Ajoutons que le Fils est venu volontairement.

Satan avait pris autorité sur la terre et le monde entier était sous son emprise. Ainsi le Fils est venu dans le monde pour établir le royaume des cieux, pour désarmer les puissances mauvaises et pour triompher d'elles de manière décisive. Il est venu prêcher un message de repentance, afin d'enseigner aux hommes les conséquences de la désobéissance et de leur donner des lignes de conduites claires pour vivre dans le royaume de Dieu.

Toutefois, nous pouvons aussi dire que le Père a envoyé le Fils avec la mission de chercher et sauver les perdus. Il est venu sauver des gens dans le besoin qui étaient incapables de se sauver eux-mêmes. Au prix d'un immense sacrifice personnel, le Fils est venu faire l'expiation pour le péché, être le substitut pour chaque membre de l'humanité et prendre sur lui la juste colère de Dieu contre le péché.

Une mission unique

Nous pouvons *aussi* dire que le Père a envoyé son Fils (qui est venu volontairement) pour faire la démonstration d'une vie humaine de consécration et sainteté parfaites. Il est venu pour être le modèle et l'exemple pour tous les hommes de tous les temps et de toutes les races. Dans la manière dont il a vécu et dont il est mort, il est venu montrer aux êtres humains comment ils étaient censés vivre et mourir.

Et nous pouvons aussi dire que le Père a envoyé le Fils pour montrer au monde à quoi Dieu ressemble. Ainsi la mission du Fils fut de révéler la gloire du Père dans toute sa majesté, d'être la Parole vivante de Dieu, d'être une révélation unique et complètement publique du Dieu invisible.

L'ordre de mission du Fils
Jésus a révélé beaucoup plus de choses sur sa mission unique et aux multiples facettes lorsqu'il s'est adressé aux personnes présentes dans la synagogue de Nazareth à sa sortie du désert. Ses paroles dans Luc 4:18-19 sont particulièrement éclairantes et font partie des déclarations les plus importantes du Fils: nous pouvons penser à ce passage comme à son « ordre de mission ».

Dans Luc 4 18-19, Jésus a d'abord expliqué que le but de son onction avec le Saint-Esprit lors de son baptême dans le Jourdain était de « prêcher (ou répandre) la Bonne Nouvelle aux pauvres (ou à ceux qui souffrent) » – et nous considérons cette déclaration de très près dans *Atteindre les Perdus*.

Il continue ensuite par offrir cinq exemples de ce que signifie « évangéliser ceux qui souffrent » dans la pratique. C'est probablement ici que l'on trouve la définition la plus claire de la mission du Fils. Nous pouvons dire que selon Jésus, son unique mission inclut le fait de:

- guérir les cœurs brisés
- libérer les captifs
- rendre la vue aux aveugles
- libérer les opprimés

Connaître le Fils

- proclamer le message de liberté et de faveur de Dieu

Le Fils n'a pas été envoyé du Père et oint de l'Esprit avec pour seule mission de prêcher. Il est plutôt venu pour révéler Dieu par des paroles, des œuvres et une vie parfaite. Et il est venu faire cela pour les pauvres. En grec, le mot *ptochos* signifie « les affligés » ou « ceux qui souffrent ». Il est également venu conduire des disciples dans la voie du royaume de Dieu.

L'idée d'une mission aux multiples facettes est répétée dans Luc 7:18-22. Jean voulait savoir si Jésus était le Messie attendu depuis longtemps, et il envoya deux de ses disciples pour s'en enquérir. Le verset 21 décrit la réponse de Jésus à leurs questions et le verset 22 rapporte son message à Jean: les disciples devaient rapporter ce qu'ils avaient vu et entendu, à savoir que l'aveugle pouvait voir, le boiteux pouvait marcher, les lépreux étaient guéris, les sourds entendaient, les morts étaient ressuscités et les pauvres entendaient la Bonne Nouvelle.

Cette idée est soulignée dans Luc 8. Le verset 1 décrit le Fils comme *kerusson* et *euangelizmenos*, « prêchant et apportant la Bonne Nouvelle » à chaque ville et village de la région. Les versets 2 à 56 illustrent ensuite le verset 1 et montrent que la mission de Jésus incluait le fait de:

- prêcher et répondre à des questions – versets 4 -18
- apporter la paix – versets 22-25
- libérer les captifs – versets 26-39
- guérir les malades – versets 43-48
- ressusciter les morts – versets 49-56

Il en est de même dans les autres Evangiles. Marc, par exemple, commence son récit de la mission du Fils en décrivant une journée de son ministère. Les versets 21 à 34 de son premier chapitre montrent que dans une journée typique, Jésus

- prêchait dans la synagogue – versets 21-22

Une mission unique

- délivrait un captif – versets 23-26
- guérissait les malades – versets 29-31,34
- chassait les démons – verset 34

Dans chaque Evangile, nous voyons que le Fils exerçait son ministère pour de grandes foules, des petits groupes et un grand nombre d'individus qui souffraient. Bien que la mission du Fils restât toujours multiple, ses contemporains pouvaient discerner trois activités principales de Jésus. Ils voyaient qu'il libérait les gens de l'emprise du diable, qu'il les guérissait de leurs maladies et qu'il faisait d'eux des disciples dans le royaume de Dieu. En faisant tout cela, le Fils leur révéla aussi l'amour et la gloire du Dieu vivant.

1. Le Fils brise la puissance du malin

Dans *Le Règne de Dieu*, nous voyons que le juste royaume de Dieu arrive avec et en Jésus. La victoire décisive du Fils sur Satan fût achevée par sa mort sur la croix. Toutefois, les premières phases du combat furent remportées dans sa parfaite soumission à son Père tout au long de sa vie terrestre et dans les œuvres puissantes qui démontraient son onction et son autorité au caractère unique.

Dès la naissance de Jésus, Satan reconnut en lui son futur conquérant et chercha à le vaincre. Il attaqua Jésus par:

- le massacre des enfants de Bethléem – Matthieu 2:13-18
- les tentations dans le désert- Matthieu 4:1-11
- la tentative d'assassinat par la congrégation de Nazareth – Luc 4:28-29
- le désir des foules de faire de lui un dirigeant politique – Jean 6:15
- l'opposition de Pierre au chemin de la croix – Matthieu 16:21-23
- la trahison de Judas – Luc 22:1-6 et Jean 13:27

Connaître le Fils

Mais Jésus était déterminé à accomplir ce qui avait été prédit. Il annonça que le royaume de Dieu était venu en lui et par lui et que ses œuvres puissantes étaient la preuve visible de sa venue.

Dans les Evangiles, nous voyons le royaume de Dieu avancer et le royaume de Satan reculer. En effet les démons sont chassés, les maladies guéries et la nature calmée. Nous le voyons notamment dans Matthieu 4:23, Marc 1:24; 4:39.

Luc 9:1-6 et 10:1-24 rapportent que Jésus envoya plus de quatre-vingt disciples annoncer la venue du royaume par la prédication, la guérison et le fait de chasser les démons. Lorsqu'ils retournèrent vers Jésus, il leur dit qu'il avait vu Satan tomber du ciel comme un éclair à cause de leurs activités.

Marc 3:27 et Luc 11:21-22 semblent résumer la compréhension que Jésus avait de ses luttes avec Satan avant la croix. Le diable pouvait être un homme très fort, mais un homme plus fort était venu et il allait lier et renverser l'homme fort pour piller sa maison.

1 Jean 3:8 met l'accent sur le fait que le Fils est venu défaire ce que Satan avait fait en corrompant la création de Dieu, en particulier par le péché: sa mission était d'apporter la délivrance à l'humanité. Et Matthieu 12:28 montre qu'au cœur du message du royaume annoncé par Jésus, il y avait cette notion de briser la puissance de l'ennemi.

Dans sa vie, ses paroles et ses œuvres, le Fils brise la puissance du mal. Cet aspect de sa mission atteint son point culminant sur la croix – l'acte suprême de la délivrance. Hébreux 2:14-15 décrit comment Jésus défait Satan et la puissance de la mort et libère ceux qui étaient retenus captifs.

Bien que l'entière victoire sur la puissance du mal n'ait pas été remportée avant la croix, nous devons faire attention de ne pas limiter la défaite infligée par le Fils à Satan à ce qu'il a accompli sur la croix, car ce serait ignorer une part importante de sa mission. Les Evangiles montrent que bien avant la croix, Jésus a systématiquement délivré les gens de la puissance des forces mauvaises.

Une mission unique

Nous le voyons par exemple dans les incidents suivants:
- le démoniaque de Capernaüm – Marc 1:21-28, Luc 4:31-37
- la belle-mère de Pierre – Matthieu 8:14-15, Marc 1:29-31, Luc 4:38-39
- le démoniaque muet – Luc 11:14-22
- les démoniaques de Gadara – Matthieu 8:28, Marc 5:1-20, Luc 8:26-39
- la fille de la femme cananéenne – Matthieu 15:21-28, Marc 7:24-30
- le démoniaque épileptique – Matthieu 17:14-21, Marc 9:14-29, Luc 9:37-43
- la femme paralysée – Luc 13:10-17
- le démoniaque muet – Matthieu 9:32-34

Les Evangiles contiennent aussi des déclarations sur la mission du Fils consistant à briser la puissance de l'ennemi dans Matthieu 4:24; 8:16, Marc 1:32-34, 39; 3:11; 6:13, Luc 4:41; 6:18; 7:21 et 11:24-26. Ces incidents et ces déclarations suggèrent plusieurs principes pratiques sur la mission du Fils consistant à briser la puissance du mal dans les vies des hommes et des femmes esclaves de Satan.

- *Jésus délivrait les personnes qui étaient portées à son attention*

    Les Evangiles indiquent que lorsque Jésus exerçait le ministère, il libérait tous ceux qui lui étaient amenés avec un besoin. Il chassait les démons lorsqu'un représentant de la personne souffrante le lui demandait, lorsqu'un démon réagissait dans sa présence et lorsqu'il était conduit par l'Esprit auprès d'une personne souffrante.

- *il posait quelques questions*

Une fois que Jésus avait vérifié qu'un démon devait être chassé de la personne, il ne cherchait pas à en établir la cause – il cherchait seulement à expulser le démon. En fait, les Evangiles décrivent seulement à deux reprises Jésus en train de questionner une personne souffrante durant son ministère de chasser les démons.

- *il parlait directement au démon*

Les paroles d'autorité du Fils étaient adressées au démon qui contrôlait ou influençait la personne plutôt qu'à la personne elle-même. Jésus n'ignorait pas le souffrant et il exerçait son ministère dans le contexte d'une aide qu'il apportait à la personne sous forme de soutien et de direction. Mais durant le temps où il opérait, Jésus parlait au démon.

Les Evangiles rapportent que Jésus a « lié », « muselé », « réprimé » les démons et qu'il leur a ordonné de « sortir », en leur demandant leur nom si nécessaire, et en leur commandant de ne plus revenir.

- *il n'a pas fait de distinction entre les personnes souffrantes*

Les Evangiles ne montrent pas le Fils en train de faire une distinction entre des cas « d'oppression », de « possession », de « dépression », « d'infestation », « d'attaque », « d'affliction » etc…

Au lieu de cela il n'utilise qu'un seul mot grec, *daimonizomai*, (« démonisé ») pour décrire pratiquement tous ceux qui avaient besoin de libération.

- *il faisait une distinction entre le fait de chasser les démons et le fait de guérir*

Matthieu 8:16, Marc 1:32-34, Luc 4:40-41; 6:18 et 7:21 distinguent entre la guérison et l'expulsion

Une mission unique

des démons. Et Matthieu 4:24 fait une distinction entre *daimonizomai* et *seleniazomai*, c'est-à-dire entre la démonisation nécessitant une délivrance et l'épilepsie nécessitant une guérison.

- *il s'appuyait sur l'Esprit*

    Le Fils proclamait qu'il faisait sortir les démons par l'Esprit de Dieu. Son ministère était une confrontation personnelle entre Celui qui était plein de l'Esprit et un esprit impur.

- *il terrifiait les démons*

    Les Evangiles montrent qu'avant leur défaite au calvaire, les démons étaient terrifiés par Jésus. Plutôt que de rester silencieux dans sa présence, ils avaient tellement peur qu'ils criaient et se livraient à la vue de tous. Ils devaient toujours obéir à Jésus. Lorsque celui-ci disait : « Sors ! », ils sortaient. Même si leur sortie était bruyante et violente.

- *il impressionnait les gens*

    Les Evangiles montrent que cet aspect de la mission du Fils avait un grand impact sur ses auditeurs. Marc 1:21-28 rapporte l'étonnement et la rumeur qui s'ensuivent. Luc 9 :43 commente en disant que les foules étaient frappées d'étonnement par la grandeur de Dieu. Luc 8 :37 décrit une panique et une demande urgente faite à Jésus de quitter ce territoire. Toutefois, Matthieu 9:34, 12:24, Marc 3:22, Luc 11:15, Jean 7:20, 8:48 et 10:20 rapportent une réaction bien différente.

2. Le Fils guérit les malades

Comme pour les autres facettes de son unique mission, l'activité de guérison du Fils peut être vue sous différents angles dans les Ecritures.

Connaître le Fils

Nous pouvons penser à la guérison comme à une part de l'appel du Fils à briser la puissance du malin et nous pouvons mettre l'accent sur le fait qu'il dominait sur la maladie autant que sur les démons à cause de son autorité royale.

Mais nous pouvons aussi voir la guérison comme une part de l'appel du Fils à servir une humanité dans le besoin en faisant ressortir que les gens étaient guéris par le sacrifice personnel de ses meurtrissures et par son sang expiatoire.

Nous pouvons encore penser à la guérison comme à une part du ministère prophétique du Fils en soulignant qu'il guérissait les gens parce qu'il était le Christ, rempli de l'Esprit comme les prophètes d'autrefois.

Nous pouvons enfin voir la guérison comme une merveilleuse révélation de *Yahvé Rapha* « le Seigneur qui guérit » et pouvons ainsi montrer que Jésus guérissait les malades parce qu'il était le Dieu qui guérit, présent en personne.

Une fois de plus, nous devons garder ces différentes perspectives ensemble si nous voulons comprendre la mission du Fils dans toute sa plénitude.

Lorsque Jésus est revenu à sa synagogue locale à Nazareth pour se présenter comme celui qui accomplissait la prophétie d'Esaïe 61:1-2, il annonça qu'il avait été oint par l'Esprit et que pour cette raison, il guérissait désormais les cœurs brisés et rendait la vue aux aveugles. A partir de ce moment-là, les Evangiles montrent que la guérison était une caractéristique majeure et spécifique de la mission du Fils sur la terre. Pour dire les choses simplement, chaque fois que nous exagérons ou minimisons l'activité de guérison du Fils, nous donnons une mauvaise image de sa mission unique dans le monde.

La mission de guérison du Fils
Les Evangiles donnent les illustrations suivantes de la mission de guérison de Jésus :

- le fils de l'officier de Capernaüm – Jean 4:43-54
- la fille de Jaïrus – Matthieu 9:18-26, Marc 5:21-43,

Une mission unique

Luc 8:40-56
- la femme qui avait une perte de sang – Matthieu 9:20-22, Marc 5:25-34, Luc 8:43-48
- les deux aveugles – Matthieu 9:27-31
- le paralysé descendu par le toit de la maison – Matthieu 9:1-8, Marc 2:2-12, Luc 5:17-21
- un lépreux – Matthieu 8:1-4, Marc 1:40-45, Luc 5:12-14
- le serviteur du Centurion – Matthieu 8:5-13, Luc 7:1-10
- la belle-mère de Pierre – Matthieu 8:14-15, Marc 1:29-31, Luc 4:38-39
- la veuve du fils de Naïn – Luc 7:11-17
- le paralytique à la piscine de Bethesda – Jean 5:1-18
- l'aveugle-né – Jean 9:1-41
- l'homme à la main sèche – Matthieu 12:9-14, Marc 3:1-6, Luc 6:6-11
- la femme courbée en deux – Luc 13:10-17
- l'homme hydropique – Luc 14:1-6
- les dix lépreux – Luc 17:11-19
- l'homme sourd et muet – Marc 7:31-37
- l'aveugle de Bethsaïda – Marc 8:22-26
- Lazare – Jean 11:1-44
- les aveugles de Jéricho – Matthieu 20:29-34, Luc 18:35-43
- le serviteur du souverain sacrificateur – Luc 22:47-51

Les Evangiles rapportent aussi les déclarations suivantes au

Connaître le Fils

sujet du ministère de guérison de Jésus: Matthieu 4:23-25; 8:16-17; 9:35; 11:4-5; 12:15-16; 14:14 et 34-36; 15:30-31; 19:2; 21:24, Marc 1:32-34; 3:10-12; 6:55-56; Luc 4:40; 5:15-16; 6:17-19; 7:21-22; 8:2 ;9:11 et Jean 6 2.

Ces passages suggèrent quelques principes pratiques sur la mission du Fils de guérir les malades et les souffrants.

- *il guérissait des gens ordinaires*

    Les Evangiles décrivent Jésus guérissant principalement des hommes et des femmes ordinaires. Ils donnent dix-neuf exemples où Jésus guérit des « exclus » de la société et onze exemples où il guérit des gens ordinaires qui sont atteints de terribles maladies.

- *il guérissait les maladies graves*

    Dans son ministère de guérison, le Fils se concentrait sur les gens dont la maladie était source d'isolement, de solitude, d'inactivité où avait duré depuis longtemps.

- *il guérissait dans les rues*

    Jésus a parfois guéri les foules lors de rassemblements informels mais il allait habituellement plutôt vers des personnes de manière individuelle et les guérissait là où elles se trouvaient. Il guérissait les gens en voyage, dans des maisons, des jardins, lors de repas, de funérailles, dans un cimetière, une piscine et lors de réunions régulières de la synagogue.

- *il guérissait en réponse à la demande des gens et de l'Esprit*

    Le Fils exerçait son ministère de guérison initialement en réponse à des gens venant lui dire « s'il te plaît, guéris-moi » ou « s'il te plaît, guéris mon ami », ou en réponse à l'ordre de l'Esprit lui disant « va guérir telle personne ». Jésus n'a pas

Une mission unique

guéri tous les malades qui étaient en Israël, mais il était toujours sûr de la volonté du Père de guérir. Il a guéri tous ceux qui sont venus lui demander la guérison. Et il a guéri tous ceux que l'Esprit lui montrait.

- *il exerçait le ministère en donnant des ordres et en touchant les personnes*

   Lorsqu'il exerçait le ministère, Jésus ne demandait pas à Dieu de guérir les gens. Il était au contraire très conscient de la volonté de Dieu de guérir et du moment choisi par Dieu pour le faire. C'était au point que soit il touchait la personne pour signifier la guérison divine ou prononçait un ordre prophétique de guérison.

- *il impressionnait les gens*

   Les Evangiles montrent que par le ministère de guérison du Fils, les gens se convertissaient, la Bonne Nouvelle du royaume se répandait et les foules admiraient Jésus. Toutefois, à certains moments, la réaction suscitée fut la persécution, la dispute et même des complots de le faire mourir – en fait les principaux sacrificateurs procédèrent à l'arrestation du Fils tout en étant témoins en direct de la guérison de l'oreille coupée du souverain sacrificateur.

- *il impliquait d'autres personnes dans sa mission*

   Jésus a formé plus de quatre-vingt disciples pour continuer sa mission de guérison après son ascension. Premièrement, il s'assura qu'ils fussent avec lui lorsqu'il guérissait les malades. Ensuite il leur communiqua son autorité pour guérir les malades et les envoya par paires guérir et prêcher la Bonne Nouvelle.

Connaître le Fils

3. Le Fils proclame le royaume

Marc 1:14-15 montre que Jésus a commencé sa mission en annonçant que le royaume de Dieu était proche. Il répéta cette déclaration dans Matthieu 12:28 et Luc 11:20 et en donna les preuves en chassant des démons. En fait, toute l'activité miraculeuse de Jésus prouvait que le royaume de Dieu était venu.

Mais en enseignant que le royaume était venu, Jésus enseignait aussi que le royaume « n'était pas encore ». Nous le voyons notamment dans Matthieu 5:1-10; 6:10; 7:21-22; 8:11; 13:42-43; 16:27-28; 20:21; 26:29, Marc 9:1; 10:37; 14:25, Luc 13; 28-29 et 22:18.

Nous considérons la dynamique du « maintenant et pas encore » du royaume dans *Le Règne de Dieu*.

Dans son enseignement, le Fils a montré que le royaume :

- ◆ appartient à Dieu
- ◆ est dynamique et puissant
- ◆ est établi personnellement par le Fils
- ◆ est synonyme de salut

Jésus a souvent utilisé des paraboles pour enseigner les gens sur le royaume de Dieu. Lorsque nous regardons ces paraboles dans leur ensemble, nous pouvons voir qu'il y a plusieurs thèmes qui en ressortent:

- ◆ *le royaume continuera à grandir*

    La croissance apparaît dans plusieurs « paraboles du royaume » qui sont rapportées dans Matthieu 13 – par exemple celle du Semeur (1-23), celle de l'ivraie (24-30) et du grain de moutarde (31-32).

- ◆ *le royaume est caché*

    La parabole du levain (33) montre que des résultats impressionnants peuvent provenir par des méthodes discrètes. C'est l'opposé de la manière de penser du monde.

Une mission unique

- *le royaume est précieux*

    Les paraboles du trésor (44) et de la perle (45-46) montrent l'inestimable valeur du royaume – qui pourtant n'est ni apprécié par tous, ni recherché par tous.

- *le royaume coexiste aujourd'hui avec le péché et le mal*

    Les paraboles du filet (47-52) et de l'ivraie (24-30) montrent que le juste et l'injuste resteront mêlés dans le monde jusqu'au dernier jour. Il ne faut pas essayer de les séparer avant la fin, car seul le jugement du roi est sûr.

- *le royaume est international*

    Dans Matthieu 21:33-46, la parabole sur les vignerons implique que le royaume n'est pas seulement pour les Juifs mais aussi pour des gens venant d'autres nations.

- *le royaume exige la repentance et l'obéissance*

    Dans Matthieu 21:28-32, la parabole des deux fils montre le besoin de repentance et d'obéissance. Les collecteurs d'impôts entreront dans le royaume avant les chefs religieux si contrairement à eux ils répondent aux conditions d'entrée.

- *le royaume est important*

    Dans Matthieu 25:1-13, la parabole des dix vierges et des noces donnent un avertissement à ceux qui ignorent le royaume. Même si ces avertissements sont fixés dans l'avenir, le défi qu'il lance est immédiat.

- *le royaume subira de l'opposition*

    Les paraboles du Semeur et de l'ivraie suggèrent

Connaître le Fils

que le royaume subit de l'opposition à toutes les occasions. Même si sa croissance est assurée, il sera toujours l'objet d'une résistance.

Le message du royaume proclamé par le Fils
Après l'emprisonnement de Jean, Jésus a prêché à plus grande échelle. Marc 1:14-15 donne le contenu de son message: « Le temps est accompli, le royaume de Dieu est proche. Repentez-vous et croyez dans la Bonne Nouvelle. »

Matthieu 3:1-2 et 4:17 rapportent aussi le message que prêcha le Fils au départ de sa mission dans des termes assez similaires.

Cela suggère que la venue du royaume n'était pas seulement un événement qui devait être proclamé mais également un défi auquel les gens devaient répondre.

Pour le Fils, la venue du royaume était un événement tellement significatif que les gens devaient changer leur manière de penser et de se conduire. Il annonça l'arrivée du royaume en termes clairs :

1. Le temps est venu. L'ère de la domination personnelle de Dieu a commencé.

2. Tu es appelé à répondre de manière radicale, personnelle, à la présence du règne de Dieu.

3. Dieu exige de toi que tu te soumettes à sa domination personnelle. Tu dois te repentir et croire.

Jésus communiqua toujours clairement sur le fait que la « repentance » était le premier appel du royaume. Nous en avons l'exemple dans Matthieu 4:12, Marc 6:12, Luc 5:32; 13 :3 à 5; 15:7, 10 et 24 :47.

Metanoeo est le verbe grec pour « se repentir » et signifie littéralement « changer de pensée ». Cela suggère que la proclamation du Fils concernant la repentance du royaume indique une transformation radicale de pensée, d'attitude, d'apparence et de direction.

Une mission unique

Cette repentance est synonyme d'une révolution mentale au sujet de Dieu, sa nature et son règne, Jésus, le péché, la sainteté et nous-mêmes. Nous considérons ces choses en détails dans *Le Règne de Dieu*.

Le Fils montra clairement que la « repentance » était une exigence de base pour ses disciples. En fait, tant que quelqu'un n'a pas changé sa manière de penser sur le péché et la sainteté de Dieu, il n'est pas conscient de son besoin de salut.

Une fois que nous saisissons que « se repentir » signifie « changer de pensée », nous comprenons clairement la raison pour laquelle le Fils relie la « foi » à la « repentance ». Il est évident qu'en effet, tout changement de manière de penser doit inclure une nouvelle croyance. L'appel de Jésus à croire en l'Evangile signifie simplement croire en Jésus lui-même. Il attendait de ses auditeurs qu'ils s'engagent à tout ce pourquoi il était venu, c'est-à-dire tous les aspects de sa mission à multiples facettes.

Lorsque Jésus proclamait le royaume, il appelait des personnes à établir une nouvelle relation avec lui, caractérisée par la repentance et la foi. Marc 1:15-20 montre comment Jésus est passé de l'annonce de l'arrivée du royaume, en passant par un appel à la repentance et la foi, pour arriver à appeler les gens à le suivre personnellement. Matthieu 4:17 à 22 montre la même progression. Ainsi nous voyons que la mission unique du Fils comprenait l'appel à devenir un disciple à titre personnel.

Les Evangiles offrent beaucoup d'exemples de la proclamation que le Fils faisait d'une vie de disciple dans les normes du royaume. Ils montrent que :

- *la vie de disciple du royaume est personnelle*

    Le Fils n'a pas appelé les gens à suivre une série d'idées ou de règles mais à le suivre lui. De la même manière, dans Matthieu 11:29, il a appelé les gens à apprendre de lui personnellement et non de la Loi ou d'un livre.

Connaître le Fils

- *la vie de disciple du royaume est une question urgente*

    Les Evangiles rapportent plusieurs histoires de personnes que Jésus a appelées à devenir disciple. Ils devaient lui répondre quand il les appelait, même si cela signifiait une rupture pour eux et leur entourage. Nous le voyons par exemple dans Matthieu 4:18-22; 9:9, Matthieu 19:21, Luc 9:59 et Jean 1:43. Certains suivirent Jésus immédiatement, mais d'autres trouvèrent des excuses. L'appel du Fils peut être contraignant mais il n'est jamais obligatoire.

- *la vie de disciple du royaume a un caractère absolu*

    Le Fils a appelé ceux qui l'écoutaient à tout abandonner pour le suivre entièrement. Nous le voyons notamment dans Marc 10:33, Luc 9:62 et Jean 8:31-32. Devenir disciple de Jésus n'est pas une simple réaction émotionnelle ou un assentiment mental face à son enseignement. Il s'agit d'une décision permanente de suivre le Fils, d'apprendre de lui, de lui obéir et de rester près de lui en toutes circonstances.

- *la vie de disciple du royaume est coûteuse*

    Jésus n'a jamais suggéré que le suivre serait facile: à maintes reprises il a déclaré le coût de l'engagement et d'une vie de disciple. Nous le trouvons notamment dans Matthieu 6:33; 16:13-33, Marc 8:34, Luc 5:1-11; 9:23 et 12:31-34.

- *La vie de disciple du royaume sera récompensée*

    L'enseignement de Jésus sur les récompenses est toujours donné dans le contexte de la vie de disciple dans le royaume.

    Nous le voyons par exemple dans Matthieu 16:24-27. Marc 10:29-30 souligne aussi les merveilleuses

Une mission unique

bénédictions que le Seigneur accorde à ceux qui le suivent en faisant des sacrifices.

Le but de sa mission unique
Il y a une progression évidente dans le message du royaume annoncé par le Fils. Premièrement, il appelle les gens à changer leur manière de penser sur Dieu. Ensuite, il les appelle à croire en lui, à s'appuyer sur lui et à se confier entièrement à lui. Ensuite, il les appelle à le suivre de près et à devenir ses disciples.

Mais ce n'est pas tout. Nous ne sommes pas seulement appelés à suivre le Fils, nous sommes aussi appelés à devenir comme lui. Sa mission ne consiste pas juste à accumuler des conversions et à faire des disciples, elle signifie aussi les transformer à sa ressemblance personnelle.

Les Evangiles mettent l'accent sur cinq manières principales dont le Fils veut que ses disciples deviennent plus comme lui.

- *aimer comme lui*

  Dans Jean 13:34-35, le Fils enseigne à ses disciples un nouveau commandement qui prouvera à « tous » qu'ils sont vraiment ses disciples.

- *donner comme lui*

  Dans Jean 15:13-14, Jésus a expliqué exactement ce qu'il entend par aimer. Il s'agit d'un don sacrificiel. Il s'agit de donner notre vie pour nos amis.

- *servir comme lui*

  Dans Marc 10:42-45, Jésus a montré à ses disciples qu'ils devaient servir d'une manière totalement différente de celle du monde.

- *travailler comme lui*

  Dans Jean 14:12, Jésus a révélé à ses disciples qu'ils devaient travailler comme lui. Beaucoup de gens pensent que Jésus se référait au fait de chasser les démons et guérir les malades. Comme nous l'avons vu ce sont des aspects importants de la mission de Jésus. Mais nous devons comprendre ce verset dans le contexte du sacrifice, comme pour son commandement de donner, aimer et servir. Si nous croyons dans le Fils, nous devrions nous attendre à vivre comme le Fils – ce qui inclut de puissants miracles, mais tout cela est caractérisé par le service.

- *aller comme lui*

    Jean 20:19-22 rapporte les premières paroles de Jésus à ses disciples après sa résurrection et le verset 21 est son dernier appel à être comme lui.

Dans le chapitre sept, nous verrons comment l'Evangile de Jean souligne que le Fils est sous la domination personnelle de Dieu, qu'il ne dit rien de lui-même, ne fait rien de lui-même et ne va nulle part de sa propre initiative. Il prononce ce que le Père dit. Il fait ce que le Père fait. Il va là où le Père l'envoie. Et tout cela, il le fait dans la puissance de l'Esprit.

De la même manière, Jésus a envoyé ses disciples comme il a été lui-même envoyé – en leur disant d'aller dans le monde comme il y est allé, de se soumettre au Père comme il s'est soumis à lui, de dépendre de l'Esprit comme il en dépendait et de partager ainsi avec lui sa mission unique.

Nous avons mis l'accent sur le fait qu'il est important de comprendre correctement la mission unique et à multiples facettes du Fils. Maintenant nous devrions pouvoir saisir à quel point cela est important: c'est parce qu'il nous appelle à partager avec lui sa mission unique, à transmettre son message de réconciliation, à appliquer sa victoire sur l'ennemi, à glorifier le Dieu vivant, à guérir les malades et à prêcher la Bonne Nouvelle du royaume à ceux qui souffrent autour de nous.

Chapitre Six

Le Fils et l'Esprit

Nous avons vu que, de manière complémentaire, chaque Evangile montre qu'une nouvelle ère a commencé avec la venue du Fils sur la terre : l'ère du royaume de Dieu, l'ère messianique, l'ère de la disponibilité élargie du Saint-Esprit.

Les Evangiles établissent tous que Jésus de Nazareth est le Christ, le Messie, l'Oint, en vertu de son onction spéciale du Saint-Esprit. Ils présentent ensuite tous Jésus comme à la fois unique en tant que *porteur de l'Esprit* et en tant que *baptiseur de l'Esprit*.

A l'époque de Jésus, il y avait le sentiment général que le Saint-Esprit avait quitté Israël: Dieu n'avait pas parlé par un prophète depuis plus de quatre cent ans et sa gloire ne se montrait plus dans le temple. Ainsi les Juifs contemplaient avec nostalgie leur passé et s'attendaient à la venue du Messie avec beaucoup d'espoir.

L'Evangile de Marc passe sur la nativité, entrant directement dans l'action, et présente le baptême de Jésus comme le grand accomplissement de toutes les espérances de l'Ancien Testament. Dans son premier verset, Marc présente Jésus comme « le Christ, le Fils de Dieu » et continue par deux déclarations radicales.

Premièrement, il déclare que le silence de Dieu a pris fin: pour la première fois depuis le temps d'Aggée, de Zacharie et de Malachie, Dieu parlait depuis les cieux. Comme nous l'avons vu, les paroles célestes rapportées dans Marc 1:11 associent l'espérance messianique du Psaume 2:7 et de 2 Samuel 7:14 avec la promesse d'un serviteur souffrant d'Esaïe 42:1 en révélant que Jésus est le seul qui puisse-t-être à la fois Chef messianique et Serviteur souffrant.

Connaître le Fils

Deuxièmement, Marc déclare que la sécheresse de l'Esprit a pris fin. Dieu a déversé son Saint-Esprit pour équiper le serviteur messianique pour son unique mission. Il n'est dès lors pas étonnant que selon Marc 1:15, les premières paroles de Jésus soient : « le temps est accompli ».

Le Fils est porteur de l'Esprit de manière unique
Dans l'ensemble de l'Evangile, Marc prend la peine de montrer que le Fils porte l'Esprit durant le temps de son ministère terrestre et qu'il en est porteur de manière unique durant son séjour terrestre. Ce n'est qu'en Marc 13:11, lorsque Jésus prépare ses disciples pour la fin des temps, que Marc révèle que l'Esprit équipera et rendra capable quelqu'un d'autre que le Fils.

Il en est pour ainsi dire de même dans l'Evangile de Matthieu qui souligne aussi que Jésus est le seul à porter l'Esprit. Toutefois Matthieu donne une information supplémentaire: Jésus a été conçu par l'Esprit. Matthieu 1:18-20 montre que le Fils a été associé de manière unique à l'Esprit dès le départ de sa vie sur terre.

Luc révèle plus de choses sur l'Esprit que les autres Evangiles et met l'accent sur la présence et l'activité de l'Esprit dans l'histoire de la nativité.

Bien que Luc montre que Marie, Elisabeth et Zacharie aient aussi été remplis de l'Esprit et revêtus de puissance pour prophétiser, il insiste beaucoup sur le fait que l'Esprit a activé toute la vie et le ministère du Fils.

Il montre par exemple que le Saint-Esprit a conduit le Fils dans le désert, que le Fils a été rempli de la puissance de l'Esprit lorsqu'il a commencé son ministère et que l'onction de l'Esprit de Esaïe 61:1 dominait et dirigeait tout son ministère.

L'Evangile de Jean ajoute une révélation supplémentaire sur la manière unique dont le Fils est porteur de l'Esprit. Dans Jean 3:34, lorsque Jésus parlait avec les disciples de Jean-Baptiste, il proclama que Dieu lui avait donné l'Esprit « sans mesure », c'est-à-dire sans réserve aucune. Dans ce sens remarquable,

Le Fils et l'Esprit

nous voyons que le Fils a une position vraiment unique dans l'histoire comme étant la seule personne ayant reçu une onction *illimitée* de l'Esprit.

Le Fils baptise du Saint-Esprit de manière unique
Les quatre Evangiles s'accordent pour dire que le Fils a non seulement été porteur de l'Esprit, mais encore qu'il baptise de l'Esprit d'une manière unique. Cela signifie que personne ne peut recevoir l'Esprit sinon par le Fils, et que personne ne peut connaître le Fils sinon par l'Esprit.

Tous les quatre Evangiles (ainsi que les Actes) rapportent la promesse de Jean-Baptiste selon laquelle Jésus baptisera du Saint-Esprit – Matthieu 3:1-12, Marc 1:1-8, Luc 3:1-18, Jean 1:19-34 et Actes 1:1-5. En étudiant la vie de Jésus, on se rend compte rapidement que pour Jean-Baptiste, l'œuvre la plus importante du Fils devait être de baptiser les gens dans le Saint-Esprit.

Lorsque nous reprenons les Evangiles avec un regard débarrassé de tout préjugé, il peut sembler surprenant qu'après la présentation qu'ils font de la mission du Fils de baptiser dans l'Esprit, les Evangiles décrivent ensuite le Fils en train de faire toutes sortes de choses sauf baptiser de l'Esprit.

Mais le Nouveau Testament enseigne que le Fils ne pouvait donner l'Esprit qu'après avoir été glorifié dans sa mort, sa résurrection et son ascension. Chaque Evangile s'attend au jour où le Fils enverra l'Esprit et équipera les disciples pour partager la mission du Fils. Nous le voyons par exemple dans Matthieu 28:19, Marc 13:11, Luc 11:13; 24:44-49, Jean 7:39 et 20:21-23. Nous considérons ces choses en détail dans *Connaître l'Esprit*.

En bref, nous pouvons dire que les Evangiles montrent que:
- le Fils était équipé par l'Esprit pour sa mission unique.
- l'Esprit n'était pas disponible pour les autres pendant la mission terrestre du Fils.
- après la mort du Fils, sa résurrection et son

Connaître le Fils

ascension, le Fils a donné l'Esprit à ses disciples pour les équiper afin qu'ils puissent continuer sa mission.

Le Fils révèle l'Esprit
Nous avons noté que la révélation de Dieu à l'humanité était un aspect important de la mission à multiples facettes du Fils. Cela signifie que le Fils révèle l'Esprit de la même manière que l'Esprit révèle le Père.

Nous considérons l'œuvre de l'Esprit dans l'Ancien Testament dans *Connaître l'Esprit* où nous voyons qu'il était la puissance même de Dieu, l'imprévisible ouragan du vent soufflé de Dieu. Toutefois dans le Nouveau Testament, on ne trouve plus l'Esprit seulement en tant que puissance. Il est revêtu de la personne et du caractère du Fils. Comme Actes 16:7 et Philippiens 1:19 l'expliquent, (dans la plupart des traductions) il est « l'Esprit de Jésus ».

Cela signifie que non seulement le Fils dépend de l'Esprit pour la puissance, la direction et la capacité, mais encore que l'Esprit dépend aussi du Fils pour la révélation. Nous rencontrons cette même interdépendance dans la relation qui unit le Fils avec le Père au chapitre sept.

L'Evangile de Jean insiste fortement sur l'interdépendance du Fils et de l'Esprit et sur celle du Père et du Fils. La relation du Fils avec l'Esprit ressort clairement par exemple dans Jean 16:7. Nous pouvons dire que lorsque le Fils était sur la terre, il localisait la présence de l'Esprit et que lorsque le Fils est au ciel, l'Esprit universalise la présence du Fils.

Le Fils a toujours été limité par l'espace et le temps durant sa vie terrestre mais son ascension a rendu possible la venue de l'Esprit qui, lui, n'est limité par aucune barrière de temps ou d'espace. Maintenant, dans l'Esprit, le Fils peut être en permanence avec tout son peuple – nous pouvons tous être en lui et il peut être en nous.

Le Fils et l'Esprit

Le Paraclet

Dans l'Evangile de Jean, le Fils révèle l'Esprit en tant que *Paracletos*. Ce mot signifie littéralement « appelé auprès » et peut être traduit par avocat, conseiller, consolateur, aide, intercesseur, soutien ou guide. Nous trouvons ce terme dans Jean 14:15-18, 25-27; 15:26-27; 16:7-15.

Jean 14:16 utilise le mot grec allos pour « un autre ». Il aurait pu utiliser le mot *heteros* que lui offrait la langue grecque. Ce choix établit sans l'ombre d'un doute que le *Paraclet* est « un autre du même type » et non « un autre d'un type différent » que Jésus. Lorsque nous contemplons le Fils, nous avons une révélation de qui est l'Esprit. En écoutant l'Esprit, nous entendons aussi la voix du Fils.

Jean 14:18 souligne cela encore plus fortement. En effet, dans ce verset, Jésus promet qu'il viendra lui-même à ses disciples dans et par l'envoi du Saint-Esprit.

Dans l'Ancien Testament, il semble que Dieu permette à Moïse et à Elie (deux personnages particulièrement oints de l'Esprit) de transmettre leur onction au successeur de leur choix: nous voyons cela dans Deutéronome 34:9 et 2 Rois 2:9-15. Josué et Elisée ont alors continué le ministère de Moïse et d'Elie avec une onction similaire.

De la même manière, Jésus (qui était oint de l'Esprit sans limites) a aussi reçu la permission de transmettre l'Esprit aux successeurs de son choix afin qu'ils puissent continuer sa mission. Cela signifie que le lien entre l'Esprit et le Fils a des conséquences pour nous aujourd'hui dans la manière dont nous vivons notre vie de disciple et servons le Seigneur.

Ce lien entre l'Esprit et le Fils signifie que l'Esprit agit maintenant de la même manière dont le Fils agissait durant sa mission terrestre.

- ♦ le fils est venu du Père en tant que don du Père pour l'humanité, et il en est de même pour le Paraclet – Jean 3:16; 5:43; 16:28.

- le Père a envoyé le Fils dans le monde en tant que son représentant, de même le Fils envoie l'Esprit en son nom – Jean 5:43; 14:26
- le Fils est resté avec les disciples et les a guidés, de même l'Esprit restera avec les disciples et les conduira – Jean 14:16-18
- le Fils a enseigné la vérité aux disciples parce qu'il était la vérité en personne, de même, l'Esprit de vérité conduira les disciples dans toute la vérité en ce qui concerne Jésus – Jean 14:6, 17; 15:26; 16:13
- le Fils n'a pas attiré l'attention sur lui-même mais a glorifié le Père en transmettant le message du Père à l'humanité, de même le Paraclet ne parlera pas de sa propre autorité mais ne fera que prendre ce qui est au Fils et le transmettre au monde – Jean 8:28; 12:28; 16:14; 17:4.
- le Fils rend témoignage du Père, de même l'Esprit rendra témoignage de Jésus – Jean 8:14; 15:26-27.

Le *Paracletos* ne fait pas qu'universaliser la présence du Fils pour ses disciples mais il fait aussi de même pour les incroyants dans le monde. Jésus est venu atteindre les perdus et les souffrants. De même Jean 15:26-27 nous enseigne que l'Esprit est venu rendre témoignage au monde et rendre les disciples capables de rendre témoignage au monde.

Jean 16:8-11 continue par expliquer que l'Esprit convaincra le monde qu'il a tort sur la question du péché, de la justice et du jugement. Toutefois cette conviction ne sera pas une nouvelle révélation car elle correspondra exactement à ce que le Fils aura fait durant son ministère terrestre. Nous le voyons par exemple dans Jean 9:35-41. En fait nous pouvons dire que :

- de même que le monde a refusé d'accepter le Fils, il refusera d'accepter l'Esprit – Jean 1:10-11; 14:17

Le Fils et l'Esprit

- comme le Fils rendait témoignage dans un contexte de haine et d'opposition parce qu'il apportait une vérité mal accueillie par ses auditeurs, il en sera de même pour l'Esprit – Jean 7:7; 16:8

L'Esprit de la filialité

Tous les aspects du ministère du Fils ont opéré directement par l'Esprit qui était la source de la vie de Jésus, de sa puissance et de ses émotions. Par exemple:

- il tressaillit de joie par le Saint-Esprit – Luc 10:21
- il chassa des démons par l'Esprit – Matthieu 12:28
- il enseigna par l'Esprit – Actes 2:1
- il se sacrifia lui-même par l'Esprit – Hébreux 9:14
- il fit du bien et guérit par l'Esprit tous ceux qui étaient sous l'empire du diable – Actes 10:38

Tout cela devrait être évident et nous étudions la manière dont le Fils a exercé son ministère par et dans l'Esprit dans *Connaître l'Esprit*, le *Ministère dans l'Esprit* et *Ecouter Dieu*.

Mais l'Esprit a aussi affecté le Fils au niveau fondamental de sa propre filialité. Nous voyons dans *Connaître le Père* que la filialité de Jésus est différente de la nôtre. Par exemple il est né par l'entremise expresse du Saint-Esprit ce qui n'est pas notre cas et il était fils de Dieu de plein droit alors que nous sommes fils de Dieu seulement par adoption.

C'est le fait d'avoir l'Esprit qui mettait Jésus à part en tant que Fils messianique de Dieu et suscita la voix du ciel lors de son baptême déclarant sa filialité avec le Père et son caractère de bien-aimé du Père.

C'est seulement en tant que Fils bien-aimé que Jésus pouvait appeler Dieu « Abba ». Ce n'était que celui qui était mis à part par l'Esprit en tant que Fils favori de Dieu qui pouvait oser s'adresser à Dieu de cette manière – car seul Celui qui est oint jouit de la relation intime de filialité avec Dieu le Père.

Connaître le Fils

Bien sûr, c'est précisément cette filialité que le Fils crée en notre faveur. C'est par l'Esprit que le Fils nous rend capables de connaître le Père en tant que « Abba ». Et c'est par le Fils que l'Esprit nous adopte avec Christ dans sa filialité avec Dieu et nous rend capables de crier « Abba » dans la famille de Dieu. Il a été dit avec justesse que l'ensemble de la Bonne Nouvelle peut être réduite à ce simple mot « Abba » – or il s'agit de l'œuvre de l'Esprit de filialité.

L'Esprit de service

Dans *Connaître le Père*, nous notons la manière dont Marc 14:35-36 révèle Jésus s'adressant au Père en tant que « Abba » lorsqu'il attend Judas dans le jardin de Gethsémané, dans l'ombre de la croix. Nous considérons aussi l'arrière-plan rédempteur et trinitaire d'Esaïe 63:7-16 et du Psaume 89:19-26 et voyons que pour ces diverses raisons, s'approcher du Père en tant que « Abba » implique l'acceptation de la souffrance et du sacrifice de la croix.

Contrairement aux rois de l'Ancien Testament qui avaient aspiré au titre de « Fils de *Yahvé* », le Fils démontre une confiance totale dans son Père même lorsque cela signifie pour lui la trahison et la croix, et même lorsque cela implique pour lui un grand sacrifice et une grande souffrance. Pour le Fils, la filialité ne pouvait être séparée du service, car il avait été oint de l'Esprit à son baptême pour être le Serviteur souffrant *aussi bien* que le Roi messianique.

Lorsque l'Esprit vint sur Jésus à son baptême, Marc 1:10 montre qu'il vint « comme une colombe ». Ce détail est des plus significatifs car Lévitique 5:7-10 explique qu'une colombe est une offrande pour le péché acceptable pour un homme pauvre et le seul oiseau accepté comme sacrifice. Marie et Joseph apportèrent deux tourterelles (ou colombes) au Temple lorsqu'ils consacrèrent Jésus au Seigneur.

Au Jourdain, une autre colombe apparut alors que Jésus était consacré pour la seconde fois, cette fois pour le service. Le mot hébreu pour colombe est Jonas. Jonas, Monsieur

Le Fils et l'Esprit

Colombe, fut envoyé dans une contrée païenne lointaine avec mission de proclamer la repentance, de sauver les pécheurs et il dut passer trois jours dans le ventre d'un grand poisson avant sa « résurrection ».

De même, lorsque l'Esprit vint sur Jésus comme une colombe, il révélait l'appel du Fils à être le serviteur souffrant qui était appelé à prêcher la repentance, à sauver les pécheurs, à mourir et à ressusciter trois jours plus tard. Le Fils devait être le Jonas obéissant. Ninive allait être sauvée et tout cela parce que l'Esprit de service était venu sur le Fils.

Une fois de plus, cette explication a de réelles conséquences pour nos vies de service qui sont ointes. Lorsque le Fils nous baptise de l'Esprit, il nous appelle à faire confiance à Dieu dans les ténèbres et l'agonie de notre propre Gethsémané, et à lui obéir lorsque notre tendance serait de passer par un chemin plus facile. Il s'agit d'un thème qui revient constamment dans le Nouveau Testament:

- ◆ Actes 4:29-31 rapporte que c'est lorsque les premiers croyants ont souffert pour Christ qu'ils sont retournés vers leurs amis et ont prié pour l'audace (et non la sécurité) et ont été ébranlés par l'Esprit.

- ◆ Actes 20:22-23 montre que c'est l'Esprit qui convainquit Paul que la prison et les afflictions l'attendaient à Jérusalem et le contraignit d'accepter sa destinée.

- ◆ 1 Pierre 4:13-16 insiste pour dire que l'Esprit nous appelle à l'expérience des souffrances de Christ.

L'Esprit du témoignage

Au moment du baptême de Jésus, la colombe ne pointait pas seulement sur le service souffrant de Jonas, mais aussi sur son témoignage efficace.

La colombe apparaît pour la première fois dans la Bible dans Genèse 8:1-12 pour être un témoin de la nouvelle création

Connaître le Fils

de Dieu et de la vie nouvelle de la famille de Noé dans les promesses abondantes de Dieu.

L'Esprit qui ressemble à la colombe du témoignage est descendu sur le Fils au Jourdain. Le Fils a immédiatement commencé à témoigner dans la puissance de l'Esprit. Nous le voyons dans Luc 4:18 et les disciples ont vécu la même chose après avoir été oints de l'Esprit par le Fils à la Pentecôte.

Le livre des Actes commence par la description d'un groupe de 120 disciples nerveux et blottis dans une chambre, un lieu privé, pour prier. Mais il continue par décrire comment ils sont devenus un corps de puissants témoins qui vainquirent une opposition farouche pour établir une église florissante à travers tout l'Empire romain.

L'Esprit du témoignage ressort de toutes les pages du livre des Actes. On y voit les gens guéris, délivrés, convertis, revêtus de puissance et transformés en d'incroyables témoins du Fils ressuscité. Et le Saint-Esprit est toujours la raison principale du témoignage efficace des disciples.

Dans *Connaître l'Esprit*, nous voyons que le témoignage est l'essence du Saint-Esprit. Jean 15:26-27 montre que les deux plus grands buts de l'Esprit sont les suivants:

- ◆ de témoigner du Fils
- ◆ de nous aider à témoigner du Fils

De surcroît, Actes 1:8 promet que l'onction de l'Esprit apportera les résultats suivants :

- ◆ des disciples devenus de puissants témoins du Fils

Dans *Connaître l'Esprit*, nous avons établi que l'Esprit apporte toujours un changement décisif. Il veut nous remplir avec la puissance et la pureté du Fils, pour nous pousser à faire les œuvres du Fils et nous rendre capables de vivre dans la présence du Fils : et il veut faire tout cela afin que nous connaissions mieux le Fils et que nous le fassions mieux connaître.

Toutefois, toutes ces grandes œuvres de l'Esprit se rapportent à son but premier de témoignage. Nous avons noté dans Luc 4:18, que Jésus proclamait avoir été oint de l'Esprit

Le Fils et l'Esprit

spécialement pour évangéliser ceux qui souffrent. Et le même but ressort de l'onction dans le reste du Nouveau Testament : chaque fois que quelqu'un est rempli ou oint du Saint-Esprit, un témoignage efficace ne tarde pas à se manifester.

Des passages tels que Actes 2:41-17; 4:31-33; 6:10; 9:17-28; 10:44-46; 13:9-12; 19:6-20; 1 Thessaloniciens 1:5-8, Hébreux 2:4; 1 Pierre 1:12 montrent les conséquences immédiates qui suivent lorsque des personnes reçoivent l'Esprit de témoignage venant du Fils. Ils magnifient Dieu et témoignent de Jésus.

Nous pouvons dire que dans la première Eglise, le désir pressant de témoigner était généré par l'Esprit. A la Pentecôte, l'Eglise devint naturellement une église « témoin du Fils » parce que l'Esprit de témoignage était venu sur elle. Nous le voyons dans des passages tels que Actes 4:20.

Nous avons suivi les trois fils conducteurs de la filialité, du service et du témoignage et nous avons noté que l'Esprit est l'Esprit de Jésus. Nous devrions donc commencer à nous attendre à trouver des caractéristiques similaires de l'Esprit dans la vie des disciples oints par le Fils.

Le Nouveau Testament nous montre par exemple que l'Esprit rend les disciples du Fils capables de :

- être des témoins de Jésus – Actes 1:8
- témoigner de la résurrection de Jésus – Actes 4:33
- opérer de grands signes et miracles – Actes 6:8
- faire le bien et guérir les malades – Actes 10:38
- abonder en espérance – Romains 15:13
- opérer de puissants signes et prodiges – Romains 15:18-19
- parler et prêcher – 1 Corinthiens 2:4-5
- endurer des difficultés – 2 Corinthiens 6:6-10
- se réjouir dans les faiblesses – 2 Corinthiens 12:9
- être fortifiés pour connaître l'amour de Dieu –

Ephésiens 3:16

- ◆ résister à l'ennemi dans la prière – Ephésiens 6:10-18
- ◆ annoncer l'Evangile – 1 Thessaloniciens 1:5
- ◆ être patients – Colossiens 1:11
- ◆ partager les souffrances de Christ – 2 Timothée 1:8

Cela signifie que nous devrions sûrement nous attendre à ce que « l'Esprit de Jésus » œuvre d'une manière semblable dans nos vies aujourd'hui. Nous devrions nous attendre à ce que l'Esprit nous donne la profonde assurance d'être réellement des enfants adoptifs de Dieu. Nous devrions nous attendre à ce qu'il nous appelle sur le chemin du service. Nous devrions être prêts à partager les souffrances du Fils avec joie. Et nous devrions nous attendre à ce que l'Esprit nous envoie au loin pour témoigner du Fils avec sa puissance personnelle et son efficacité.

Chapitre Sept

Le Fils et le Père

Dans *Connaître le Père*, nous avons commencé à considérer les relations trinitaires entre le Père, le Fils et l'Esprit. Nous nous sommes ensuite concentrés sur la relation du Père avec le Fils. Nous avons vu que :

- le Père dépend du Fils et a remis toutes choses entre ses mains. Le Père n'agit ni ne parle ou se donne lui-même en dehors du Fils.

- le Père exerce sa souveraineté en communion avec le Fils, qui promulgue et révèle la volonté du Père.

- le Père exprime son identité dans le Fils, parce c'est le Fils qui le fait connaître.

- le Père est identique au Fils en être et en nature.

- le Père travaille en partenariat avec le Fils dans la création, la rédemption et le jugement.

- la relation du Père avec le Fils est au cœur de l'évangile, car la paternité et la filialité supposent à la fois une dépendance mutuelle et une vie partagée.

Bien que le Père dépende du Fils pour son identité, sa révélation et ses actions, l'histoire de la trinité ne s'arrête pas là. Nous avons aussi besoin de réaliser que le Fils dépend pleinement du Père et se soumet toujours entièrement à lui.

Le Fils reçoit son identité du Père
De même que nous avons vu dans *Connaître le Père* que le Père est identifié en relation avec son Fils, de même le Fils reçoit son identité dans sa relation avec le Père. Et il ne la reçoit pas seulement une fois mais à plusieurs reprises, à chaque étape

Le Fils et le Père

Nous pouvons donc dire que Jésus reçut son identité en tant que Fils par son expérience, sa tradition et sa mission. Il savait qu'il était « le Christ, le Fils du Dieu vivant » non seulement en connaissant son identité mais parce qu'il connaissait le Père: pour dire les choses simplement, Jésus se connaissait lui-même comme Fils parce qu'il connaissait Dieu comme Père.

Jésus dans le temple
Luc 2:41-50 raconte comment Jésus était resté au temple pendant que ses parents quittaient Jérusalem. Cette histoire trouve son sens essentiellement dans le fait qu'elle s'est passée l'année où Jésus a atteint l'âge adulte pour les Juifs.

C'était pour lui, à son jeune âge, la réalisation que Dieu était son Père, ce qui lui fit reléguer sa relation avec ses parents au second rang. Il saisit soudain que le Père avait la première place dans son attention, sa loyauté et son obéissance. Le Fils devait s'occuper des affaires de son Père.

Dans Luc 2:49, les premières paroles de Jésus qui nous sont rapportées (comme ses dernières sur la croix dans Luc 23:46) décrivent sa relation avec le Père. Chez Luc, cela pourrait être sa manière de dire que pour le Fils, la relation avec son Père est première, dernière et remplit tout ce qui se trouve entre les deux.

Jésus au Jourdain
Nous avons vu que la réalisation de la filialité de Jésus est une part vitale de son baptême. Au moment où le Fils remonte de l'eau et se consacre à sa mission, le Père parle et l'Esprit descend. Comme l'apôtre Paul l'enseigne dans Romains 8:15-17, une conscience renouvelée de la filialité et une effusion renouvelée de l'Esprit sont étroitement associées.

Lorsque Jésus réalise de manière nouvelle qu'il est le Fils, il entre dans l'héritage du Fils. Il quitte le Jourdain avec une nouvelle confiance dans sa filialité et commence à exercer l'autorité de l'Esprit qui correspond à son droit de Fils.

Nous avons noté que les paroles du Père font écho au

Connaître le Fils

Psaume 2:7-8 et Esaïe 42:1 et identifient Jésus comme Messie et Serviteur. Nous pourrions aussi noter qu'elles font allusion à Genèse 22:2-16 où Isaac est identifié à « ton unique, celui que tu aimes ». Il s'agit d'un indicateur prophétique clair d'un fils destiné au sacrifice: ce qu'Abraham avait été exempté de donner au dernier moment, le Père se préparait maintenant à le donner – son Fils unique et bien-aimé.

Jésus dans le désert

Le récit que Luc fait des tentations du Fils dans 4:1-13 se concentre sur l'attaque que le diable lance à la conscience toute fraîche de sa filialité que Jésus avait reçue à son baptême. La première tentation et la troisième tentation commencent toutes deux par les paroles « si tu es Fils… ». Elles remettent en question la validité et l'autorité de la voix qui avait parlé au Jourdain.

La première tentation s'attaque à l'obéissance du Fils: il est tenté d'utiliser sa propre puissance pour satisfaire son besoin de pain plutôt que d'obéir aux paroles que le Père lui a données. La troisième tentation s'attaque à la confiance du Fils dans ce que le Père lui a dit. Le diable suggère que l'expérience d'un saut dans le vide donnera au Fils les preuves dont il a besoin. Satan insiste dans le sens qu'il n'est pas suffisant pour le Fils d'entendre le Père lui parler, il devrait aussi utiliser sa puissance pour se prouver à lui-même qu'il est vraiment le Fils. De manière merveilleuse, Jésus démasqua le tentateur et déjoua ses deux tentations.

La relation appropriée d'un fils avec son père est la dépendance, qui consiste en une confiance obéissante et une obéissance confiante. Or il est significatif que Jésus ait été attaqué par Satan justement sur ces deux points. Si le Fils avait failli à ce stade, toute sa mission aurait échoué avant d'avoir commencé.

Mais Jésus ne faillit pas. Après avoir fait le récit de ces tentations, Luc continue par décrire le ministère de Jésus à Nazareth. Avec sa confiance et son obéissance réaffirmées,

Le Fils et le Père

Jésus vient dans sa ville natale en étant sûr qu'il est le Fils obéissant qui a cru ce que son Père lui a dit. Il est le Fils sur qui la faveur et l'Esprit du Père reposent. Il peut faire face à toutes les oppositions, sachant que le Père est avec lui et honorera ce qu'il a dit.

Jésus à la transfiguration

A l'heure de sa décision critique de se tourner vers le Calvaire, le Père dit une fois de plus à Jésus qui il est. Jésus avait enseigné aux disciples qu'il allait à Jérusalem pour y souffrir et y mourir, et la transfiguration est la confirmation divine de son choix. Tout d'abord ce sont Moïse et Elie, la loi et les prophètes qui lui parlent. Ensuite le Père parle, répétant les paroles prononcées au Jourdain – mais avec deux différences significatives.

Dans Luc 9:35, les meilleurs et les plus anciens manuscrits montrent que le mot *eklelegmenos*, « élu » remplace *agapetos* « bien-aimé ». De plus, la phrase *autou akouete* « écoutez-le » remplace le « en qui j'ai mis toute mon affection ». Parce que Jésus a été choisi pour prendre le chemin de la souffrance obéissante (et a choisi d'y marcher), il a un nouveau droit d'être entendu, une nouvelle autorité parmi les hommes.

Au moment où le Fils se prépare à glorifier le Père par sa mort, le Père se prépare à glorifier le Fils par une nouvelle identification et authentification de sa mission. Pour dire les choses simplement, la filialité signifie être choisi pour une obéissance qui coûte *et* être amené dans une position d'autorité.

Jésus dans le jardin

Au moment où Jésus commence son agonie dans le jardin de Gethsémané, il trouve des forces en réaffirmant sa relation avec « Abba ». Il est capable de prendre la coupe de la colère, le rejet et le jugement de Dieu, parce que la main qui lui offre cette coupe est encore celle de son Père.

Luc 22:43 montre que Gethsémané n'a pas seulement été caractérisé par des prières et des supplices de la part du Fils, mais aussi par une révélation et des forces données par le Père. Ce n'est que dans la force de cette communion avec le Père que le Fils fera face à sa passion.

Jésus sur la croix

Luc souligne la chose de nouveau en rapportant que deux des paroles prononcées sur la croix par Jésus sont des phrases où apparaît le mot « Abba » – Luc 23:34 et 23:46.

La première de ces paroles montre que le pardon des autres se fait par l'intermédiaire de la prière du Fils adressée au Père sur la croix. La seconde (qui fait écho aux paroles du jeune Jésus dans le temple) montre que le Fils meurt dans la paix et la confiance parce qu'il sait que Dieu est toujours son Père.

Dans le jardin, « Abba » était celui qui exigeait une obéissance inconditionnelle lorsqu'il faisait ses demandes. Sur la croix, « Abba » est celui auquel on peut faire confiance pour une consolation ultime: l'obéissance active du Fils qui a tout donné en sacrifice devient une confiance passive qui accepte tout dans la mort.

Nous pouvons dire que de l'adolescent dans le temple à l'homme sur la croix, à chaque étape critique de tentation, de décision, de souffrance et de mort, Jésus a toujours trouvé son identité et sa confiance en tant que Fils dans sa relation avec son Père.

Chaque fois qu'il y en avait besoin, Dieu a donné à Jésus une fraîche révélation de paternité et de filialité et c'est ce qui a donné à Jésus la force de répondre au Père dans la confiance et l'obéissance.

Le Fils dépend du Père

Nous avons montré dans *Connaître le Père* que le Père est dépendant du Fils. Nous devons maintenant comprendre une autre vérité. C'est que le Fils est dépendant du Père.

Le Fils dépend du Père parce que c'est le Père qui révèle le Fils et le fait connaître – de même que c'est le Fils qui révèle le Père et le fait connaître aux autres. Ceci est un autre exemple

Le Fils et le Père

de l'interdépendance divine que nous considérons au chapitre six.

Le Fils glorifie le Père (le fait connaître dans sa présence, sa nature et sa puissance) et le Père rend témoignage au Fils et glorifie le Fils. Cela signifie qu'il y a une glorification réciproque du Père et du Fils dans les paroles et les œuvres de Jésus.

Il est intéressant de noter que les Evangiles de Matthieu et Jean ont tendance à attribuer au Père une œuvre en particulier, celle d'amener les hommes à reconnaître et confesser le mystère et la personne du Fils. Mais le reste du Nouveau Testament attribue plutôt cette œuvre au Saint-Esprit.

Cela démontre qu'il y a une unité de base entre l'œuvre du Père et l'œuvre de l'Esprit. Après tout, l'Esprit c'est le Père et le Fils qui cherchent à communiquer et aimer au-delà d'eux-mêmes l'un envers l'autre. Ainsi l'œuvre de révélation peut être attribuée à chacun d'entre eux et à tous conjointement.

Nous avons considéré Matthieu 11:27 avec quelques détails dans *Connaître le Père*. Nous y avons vu que la connaissance exclusive du Père est le fait du Fils et que la connaissance exclusive du Fils est le fait du Père. Ils dépendent l'un de l'autre et c'est là la relation fondamentale qui est sous-jacente à la fois à la révélation et au salut: nous ne pouvons connaître l'un que par l'activité de l'autre.

Nous l'observons dans Matthieu 16:17 où Jésus déclare que la confession de Pierre de Jésus en tant que Messie et Fils de Dieu est l'œuvre du Père et non celle de Pierre. (Il est intéressant de constater que 1 Corinthiens 12:3 attribue une confession presque identique à l'œuvre du Saint-Esprit. Il ne s'agit pas d'une contradiction, car c'est maintenant l'Esprit qui exécute la volonté du Père sur la terre en révélant sa vérité, son amour, sa grâce et sa puissance à l'humanité.)

Jean 6

Dans Jean 6:22-66, Jésus reconnaît à plusieurs reprises sa dépendance de l'activité du Père lorsque les hommes « viennent à lui ».

Connaître le Fils

Au verset 36, il établi un contraste entre « voir » et « croire » en disant que certaines personnes l'ont vu mais n'ont pas cru. Dans l'ensemble de ce passage, Jésus explique ce qui distingue ceux qui « voient » le Fils de ceux qui « croient » aussi en lui (verset 40), ce qui distingue ceux qui sont « attirés » à lui (verset 44), de ceux qui « viennent » à lui (verset 65), etc… Il insiste pour dire que c'est le Père qui lui a donné ses disciples (verset 37), qui attire les hommes à lui (verset 44) et les rend capables de venir à lui (verset 65).

Chaque fois que quelqu'un vient à Jésus, derrière la confession humaine, le fait de suivre Jésus et de devenir son disciple, il y a un choix, une révélation et une capacité donnée du Père que Jésus reconnaît et proclame.

Bien sûr, l'action gracieuse du Père n'exclut pas la nécessité ou l'authenticité de l'action humaine. Mais elle précède plutôt, fortifie et soutient l'action humaine. Nous pouvons dire que le choix du Père est derrière le choix humain, que l'attraction créée par le Père est derrière la personne qui vient à Jésus, que la révélation du Père est derrière la foi humaine…

Le verset 37 montre que Jésus est obligé de recevoir tous ceux qui viennent à lui parce qu'il sait que leur venue ne tire son origine ni d'eux-mêmes, ni de lui, mais du Père. Cela signifie que le Fils obéissant reçoit tous ceux que le Père souverain lui envoie.

L'Evangile de Jean montre que l'Esprit fait pour ainsi dire la même chose que le Père : nous le voyons par exemple dans Jean 3:5; 6:63 et 16:15. La plupart des érudits interprètent cela comme une théologie trinitaire élémentaire. Toutefois, certains suggèrent qu'il y a une différence entre la révélation souveraine du Père à quelqu'un et la capacité gracieuse donnée par l'Esprit à une personne pour qu'elle puisse prendre la décision de suivre Jésus. Quelques autres encore proposent l'argument selon lequel le Père œuvre de manière extérieure, créant providentiellement des circonstances constructives et que l'Esprit œuvre intérieurement, créant une ouverture spirituelle.

Le Fils et le Père

Quelle que soit la relation précise entre l'œuvre du Père et celle de l'Esprit, il est clair que le Fils est dépendant du Père car c'est le Père qui le révèle aux hommes et les attire à lui. Nous pouvons dire que Jésus dépend entièrement du Père pour glorifier son Fils et le faire connaître.

Le Fils se soumet au Père

Nous avons vu dans *Connaître le Père* que la volonté du Père est exécutée par le Fils qui est son agent principal. Maintenant nous devons saisir que toutes les actions du Fils dépendent du Père et son déterminées par le Père. Bien qu'ils soient égaux dans l'essentiel de leur nature, le Fils se soumet volontairement au plan du Père. Cette subordination se réfère à un arrangement fonctionnel volontaire et non à une subordination ontologique.

Toute parole et œuvre de Jésus tirent leur origine du Père, sont guidées par le Père et dirigées vers la personne, le but et la gloire du Père. Il est entièrement soumis au Père et non à une règle ou à un règlement impersonnel.

De la première à la dernière, les paroles et les œuvres du Fils sont toujours des actes obéissants. Il ne présume jamais de ce que le Père veut, ne désobéit jamais à ce qu'il veut et il ne prend jamais d'initiative. Au lieu de cela, il discerne et suit toujours la volonté du Père. Cela ne limite en rien sa spontanéité ni sa liberté. C'est plutôt la source de sa liberté. En effet le Fils répond en toute circonstance et à toute personne dans le contexte de sa relation avec le Père.

Le Père est la source de la mission du Fils

L'ensemble du Nouveau Testament souligne que Jésus est l'apostolos, « celui qui est envoyé » par le Père avec la mission que le Père lui a donnée d'accomplir. Hébreux 10:7 cite par exemple le Psaume 40:8 et identifie la motivation essentielle du Fils et le but qui lui donnent son énergie.

L'Evangile de Jean ne se lasse pas de souligner ce point. Jean 6:38 aligne une impressionnante série de versets qui disent tous la même chose, à savoir que le Fils est venu du ciel non pour faire sa volonté mais pour faire la volonté de celui qui l'a envoyé. Tout à la fin de l'Evangile, dans Jean 20:21, Jésus appelle et intègre ses disciples dans la même mission que celle à laquelle son Père l'a appelé et pour laquelle il l'a envoyé.

Le Père contrôle la mission du Fils
Dans Luc 7:8, un Centurion romain reconnaît instinctivement que Jésus est un homme soumis à une autorité et il s'agit toujours de l'autorité de son Père.

Durant la vie terrestre de Jésus, il y avait une direction secrète, exigeante, continuelle et personnelle qui influençait chacune de ses décisions. De ce fait, la volonté du Fils, ses paroles, ses pensées et ses actions étaient continuellement soumises à la volonté du Père, ses paroles, ses pensées et ses actions.

Une fois de plus, c'est l'Evangile de Jean qui fait ressortir cette vérité le plus clairement: Jean 5:19-20 est l'exemple typique qui nous montre que le Fils ne fait jamais quoi que ce soit par lui-même. Plutôt que cela, il ne fait que ce qu'il voit faire au Père. Il ne s'agit pas d'un principe théologique stérile mais d'une description vivante de la vie quotidienne, soumise du Fils. Et bien sûr, cela ne pouvait devenir réel que par la prière. Nous discutons de la soumission de Jésus au Père dans la prière dans le livre de la série *Epée de l'Esprit* intitulé *La Prière Efficace*.

Le Père est l'avenir de la mission du Fils
Nous pouvons dire que le Père est l'avenir de la mission du Fils dans le double sens suivant. Premièrement, l'œuvre du Fils une fois achevée est soumise au verdict du Père. Deuxièmement, le Fils construit le royaume pour le Père et, lorsque celui-ci sera achevé, le remettra au Père. Nous voyons cet aspect de son œuvre dans 1 Corinthiens 15:28. Ce sera le plus grand moment dans la vie du Fils – lorsqu'il mettra fin à toute rébellion contre Dieu et remettra le royaume pleinement restauré au Père.

Le Fils et le Père

Dans 1 Corinthiens 15, la description que fait l'apôtre Paul de la soumission du Fils et de sa subordination au Père semble représenter sa compréhension de la suprématie absolue du Père. Dans ce chapitre, Paul explique que tout est venu du Père par Christ au commencement et que toute chose retournera également au Père par Christ à la fin des temps. Tout est du Père, pour le Père et par le Fils.

Paul introduit ce concept de manière plus simple dans Philippiens 2:10. Il y montre que la confession générale et à venir de la seigneurie de Jésus ne sera pas pour la gloire du Fils mais pour la gloire du Père.

Cela suggère que la mission unique du Fils est:

- ◆ du Père comme étant la source où elle s'initie
- ◆ avec le Père comme son autorité permanente
- ◆ pour le Père comme son but ultime

Le Fils écoute le Père

La soumission active du Fils au Père, qui, comme nous le soulignons dans l'ensemble de cette série *Epée de l'Esprit*, est l'essence de sa filialité (et par conséquent de notre filialité) présuppose une écoute du Père active et continue de la part du Fils.

La communication terrestre du Fils avec le Père céleste exprime sous forme humaine la communication éternelle unique du Père avec le Fils dans l'Esprit. Notons que le Père conduit le Fils incarné exactement de la même manière qu'il nous guide, même si la mission donnée au Fils est différente de la nôtre. Nous considérons cela plus à fond dans *Ecouter Dieu*.

Le Fils écoute par les événements

Le Père montre au Fils ce qu'il fait dans le monde, non principalement sous forme de visions spirituelles, mais généralement dans le contexte des événements humains qui ont lieu dans le monde qui l'entoure.

Connaître le Fils

de son unique mission. A chaque crise que le Fils a vécue dans sa vie et sa mort, il a reçu une fraîche confirmation de son identité personnelle en faisant l'expérience renouvelée de sa relation avec le Père par une confession réitérée de « Abba » dans la puissance de l'Esprit.

Définir l'identité
A travers les âges, les hommes et les femmes ont cherché à savoir qui ils étaient vraiment en regardant dans toutes sortes de directions. Certaines personnes cherchent *intérieurement* à se définir psychologiquement, d'autres regardent *en arrière* pour se définir en fonction du passé d'où ils sont sortis et d'autres encore regardent *à l'extérieur* pour se définir à l'aune leurs accomplissements.

Jésus se retrouvait dans ces manières psychologique, historique et fonctionnelle de s'identifier et de se définir lui-même. Il connaissait le Père dans son expérience intérieure et profonde. Mais il ne faisait pas confiance à cette expérience en soi. Au lieu de cela il ne se confiait que dans la réalité et l'autorité du Père qui lui parlait dans cette expérience intérieure.

Il savait que ses racines historiques étaient les meilleures et les plus profondes car il descendait du roi David et faisait partie de la lignée royale de la promesse faite à Israël. Pourtant Jésus n'était pas lié par son passé et ses traditions familiales car de manière ultime il dépendait toujours de son Père céleste plutôt que de sa descendance terrestre.

Et il avait à son actif une série de grands exploits pour prouver ses revendications messianiques. Nous pouvons le lire dans Matthieu 11: 4-6. Mais il s'agissait des fruits plus que de la source de sa confiance en qui il était. Les œuvres de Jésus jaillissaient de sa filialité, elles ne faisaient pas de lui le Fils. C'est parce qu'il était le Fils oint qu'il chassait les démons, guérissait les malades et proclamait le royaume. Son ministère était une obéissance à son identité plutôt qu'une manière de parvenir à son identité. Sa relation avec le Père passait toujours avant son service fait avec et pour le Père.

Connaître le Fils

Les Evangiles montrent que Jésus était très ouvert au monde de son époque et à toutes les activités des hommes et des femmes autour de lui: c'est l'arène dans laquelle le Père montre au Fils ce qu'il est en train de faire.

C'est sûrement la raison principale pour laquelle Jésus enseigne de manière si exhaustive en paraboles. Dans un sens, les histoires de la femme et sa drachme perdue, du serviteur endetté ou du fermier et sa récolte ne correspondent pas à une révélation spirituelle spéciale. Mais dans un autre sens, pour celui qui a des yeux pour voir et des oreilles pour entendre, elles sont le langage par lequel le Père parle à son Fils et, par lui, à ses enfants.

Lorsque nous admettons que Jésus ne dit que ce qu'il a entendu le Père lui dire, nous sommes forcés d'en conclure que c'est le Père lui-même qui parle en utilisant ces simples paraboles « mondaines ». Cette découverte devrait révolutionner la manière dont nous prêchons et proclamons l'Evangile.

Nous pouvons dire qu'en partie, Jésus a progressivement réalisé que son chemin était celui de la croix, par les réactions de personnes ordinaires à son égard, et spécialement celles des autorités. Au moment où le Fils discernait les besoins et les réactions qu'il rencontrait dans les villages de Galilée, le Père lui montrait ce qui l'attendait à Jérusalem, et pourquoi ce n'était que par la mort et la résurrection que son but pouvait être atteint.

Cela suggère que si nous ne connaissons pas le monde dans lequel nous avons été placés par le Père, nous ne connaîtrons pas ce que le Père veut faire par nous dans ce monde.

Le Fils écoute l'Ancien Testament
Le Père parlait aussi au Fils en utilisant les traditions et l'histoire du peuple Juif, car elles avaient été le théâtre de son action et de la révélation qu'il avait donné de lui-même durant les deux mille années qui avaient précédé. Ce que le Père voulait faire par le Fils ne faisait que prolonger et accomplir ce qui avait été

depuis longtemps en cours en Israël, et ce qui était clairement rapporté dans l'Ancien Testament.

La communication de Jésus avec Moïse et Elie lors de la transfiguration n'était qu'une intensification de sa communication avec « la loi et les prophètes » dans lesquels le Fils avait écouté le Père durant toute sa vie.

Tout son enseignement montre que le Fils était imprégné de l'Ancien Testament. Chaque fois que le Père lui parlait, c'était dans des termes qui faisaient écho à l'Ancien Testament. Lorsque Jésus a résisté à la tentation de Satan dans le désert, lorsqu'il a proclamé son ordre missionnaire à Nazareth, lorsqu'il a institué son repas mémorial dans la chambre haute et même lorsqu'il a parlé sur la croix, il s'agissait à chaque fois d'une vivante application du message éternel de l'Ancien Testament. (La connaissance que le Fils avait du Père, sa dépendance de lui et son écoute attentive de sa voix dans l'Ancien Testament est l'une des raisons principales de l'accent considérable mis par la série Epée de l'Esprit sur le contenu de tout le canon des Ecritures.)

Lorsque les personnes qui entouraient Jésus cherchaient à comprendre le Fils et son œuvre, ils devaient changer de registre et utiliser des expressions telles que « Fils de l'homme », « royaume », « Messie », « Fils de David », « serviteur de Dieu » et c ... qui ne peuvent être comprises clairement que lorsqu'elles sont interprétées à la fois en fonction de leur origine vétérotestamentaire et par la nouvelle signification que Jésus leur donna à travers sa vie et sa mort.

Le Fils écoute dans la prière
Dans *La Prière Efficace*, nous remarquons à quel point le Fils était un homme de prière. C'était le moyen par lequel le Fils communiquait sur la terre avec le Père dans le ciel et par lequel le Père communiquait avec le Fils.

Les Evangiles (spécialement celui de Luc) décrivent souvent le Fils en train de prier le Père. Par exemple il priait:

Connaître le Fils

- tôt le matin – Marc 1:35
- tard le soir – Luc 6:12
- lors de son baptême – Luc 3:21
- après un long temps de ministère – Marc 1:35; 6:46; Luc 5:16
- pendant une nuit avant de choisir ses douze – Luc 6:12
- seul dans la présence de ses disciples – Luc 9:18
- lors de la transfiguration – Luc 9:28-29
- après le dernier souper – Jean 17
- à Gethsémané – Marc 14:32; Luc 22:41
- pour Pierre – Luc 22:32
- pour des petits enfants – Matthieu 19:13-15
- pendant sa crucifixion – Luc 23:34
- après sa résurrection – Luc 24:30
- à son ascension – Luc 24:50
- après son ascension – Jean 14:16

Nous considérons la prière modèle de Jésus et son intercession de Jean 17 dans le livre *La Prière Efficace*. Toutefois la prière du Fils aux pieds du mont des Oliviers suggère deux principes importants qui semblent marquer toute la communication remplie de prière du Fils avec le Père.

Matthieu 26 :36-46; Marc 14:32-42 et Luc 22:39-46 montrent que l'écoute de Jésus commence avec une confession, non de ses péchés mais de sa situation et ce qu'il désire par rapport à elle. Le Fils ne cache pas à son Père ce qu'il veut, au contraire il lui explique clairement son désir. Mais même ainsi, il soumet son désir à la volonté du Père. Il n'impose pas sa volonté au Père sous le prétexte que lui, il peut demander tout ce qu'il veut.

Le Fils et le Père

Puis, dans son écoute, il discerne la volonté du Père. En priant dans une grande agonie, le Fils sait que ce qu'il a commencé à demander ne peut pas lui être accordé. Il réalise que ce que son Père est en train de faire exige de lui qu'il boive la coupe jusqu'au bout. Le Fils ne fait que ce qu'il voit le Père faire et, dans sa prière d'écoute, il « voit » le Père en train de sauver le monde par son propre sacrifice. De ce fait le Fils aligne sa volonté avec celle du Père.

L'atmosphère change aussitôt que le Fils a « entendu » la volonté du Père. L'agonie cesse et il se relève paisiblement pour se rendre à la croix.

Au moment culminant et clef de sa vie, nous voyons que le Fils a pris le temps d'écouter le Père dans la prière pour discerner ce que le Père faisait, où il allait et ce qu'il disait. Toutefois, il est certain que le Fils n'a pu faire cela à Gethsémané que parce qu'il avait écouté le Père de la même manière, dans des situations moins extrêmes, durant toute sa vie.

Le Fils obéit à ce qu'il a entendu

Par sa vie dans le monde, par l'Ancien Testament, par la prière d'écoute, le Fils a saisi à plusieurs reprises la « volonté particulière » du Père en rapport avec des situations spécifiques. Nous considérons ce point dans *Une Foi Vivante*.

Dans chaque aspect de sa mission, dans tous ses rapports avec ceux qui l'entouraient, Jésus était conduit par le Père moment par moment à partir d'une relation, et non en suivant une série de règles. C'est l'action de l'Esprit par laquelle Dieu communique sa vérité, son amour et sa puissance de manière adaptée à chaque situation.

Les Evangiles montrent que très souvent, par le Saint-Esprit, Jésus « voyait et entendait » ce que le Père voulait faire ou dire à tel endroit et tel moment particulier. Comme nous le voyons dans *Le Ministère dans l'Esprit*, le Fils ne suit jamais une méthode, n'utilise jamais une technique et ne suit jamais des principes spirituels. Au lieu de cela il écoute le Père, dans l'Esprit, et voit ce que le Père fait ici et maintenant.

Connaître le Fils

Le Fils agit avec le Père

Dans les Evangiles, le Fils proclame souvent que ses paroles sont les paroles du Père, et que ses actions sont celles du Père – parce que son être est identique à celui du Père : nous voyons cela dans Jean 5:17 et 14:10-11. Cela signifie que le Père parle et agit par les paroles et les œuvres du Fils et que le Père aime et sauve par le sacrifice de son Fils, que le Père protège ses enfants et pourvoit à leurs besoins par les dons et la grâce du Fils et c…

Par le Fils, Dieu révèle qu'il est le Père qui donne la vue aux aveugles, fait entendre les sourds, marcher les paralytiques et lever les morts. Il est le Père qui opère le salut – et dont les paroles et les œuvres sont connues et effectuées par son Fils. Pour dire les choses simplement, aucune parole ni aucune œuvre du Fils n'est pas tout autant une parole ou une œuvre du Père.

L'un des postulats du Nouveau Testament, c'est que Jésus est le partenaire essentiel du Père dans tous les échanges de Dieu avec l'humanité. Nous devons nous rappeler que les paroles et les actions du Fils sont les indicateurs essentiels du but du Père dans la création, la rédemption et le jugement.

Ils agissent ensemble dans la création

Jean 1:3; Colossiens 1:15-17 et Hébreux 1:2 montrent que le Père agit avec et par le Fils dans la création.

Le Fils est l'agent et le but final de toute la création. Nous ne devrions pas penser à l'œuvre de Dieu dans la création sans apprécier la relation Père Fils qui a fondé la création et la soutient. En fait, nous pouvons dire que les actions du Père avec le Fils entourent tout ce qui est en rapport avec notre univers naturel.

Ils agissent ensemble dans la rédemption

Il en est de même pour le salut, car notre relation restaurée avec le Père dépend entièrement de la vie, la mort et la résurrection du Fils. Des passages tels que Jean 3:16 et 2 Corinthiens 5:18-

Le Fils et le Père

19 montrent comment l'action salvatrice du Père passe de l'unique à un grand nombre, de son centre en Christ à toute l'humanité.

Il ne suffit pas à notre compréhension et célébration de la rédemption de se concentrer seulement sur le Fils ou sur le Père – nous devons apprécier que le salut dépend du Père agissant en et par le Fils.

Le grand but de la rédemption est que nous puissions connaître le Père par le Fils et que nous puissions vivre en communion avec lui dans le type de dépendance mutuelle que nous voyons entre le Père et le Fils.

Ils agissent ensemble dans le jugement

Il en sera de même au dernier jour. Le Père est la source du jugement de Dieu, mais c'est le Fils qui exécute son jugement – nous l'observons dans tout le livre de l'Apocalypse et dans Jean 3:18-21; 5:22 et Actes 17:31.

La Bible nous montre aussi que le Père et le Fils agiront ensemble au dernier jour dans l'achèvement du royaume et l'établissement des nouveaux cieux et de la nouvelle terre. Ephésiens 1:10; Philippiens 2:9-11 et 1 Corinthiens 15:28 révèlent que l'accent sera mis sur le Fils mais que la priorité du Père sera suprême.

Ils agissent ensemble dans la révélation

Tous les aspects du saint caractère de Dieu peuvent être vus et entendus dans la relation Père Fils qui a été révélée il y a deux mille ans sur la terre et se trouve consignée dans le Nouveau Testament.

En d'autres termes, nous devons passer le cap d'une conception de Dieu en termes abstraits. Nous devons commencer à comprendre ce que signifie vraiment le fait que le Père et le Fils agissent ensemble. Nous pouvons dire par exemple que:

- ♦ *l'amour de Dieu* n'est pas un amour abstrait, théorique, mais un amour pratique qui, dans la

- personne du Fils, vient chercher et sauver ceux qui sont séparés du Père.

- *la puissance de Dieu* n'est pas une vague omnipotence, c'est la puissance spécifique par laquelle le Fils révèle le Père en devenant un être humain, en guérissant les malades, en endurant la croix, en ressuscitant des morts et c…

- *la vérité de Dieu* n'est pas une série de concepts, c'est les pensées du Père qui sont exprimées dans la personne, les paroles et les actions du Fils.

Penser en ces termes revient à appliquer la vérité de Matthieu 11:27. Ce texte reconnaît que le Père a remis toutes choses au Fils et que personne ne connaît le Père sinon le Fils, et ceux à qui le Fils choisit de le leur révéler.

Nous nous tournons maintenant vers l'action conjointe du Père et du Fils la plus importante, vers l'expression finale de la pleine dépendance du Fils de son Père et de sa parfaite soumission à son Père. De même que le Père est le passé d'où vient le Fils, qu'il est le présent dans lequel vit le Fils, de même la croix est l'avenir vers lequel le Fils se dirige avec le Père.

Chapitre Huit

Le Fils et la croix

Lorsque nous lisons les Evangiles dans le but de mieux connaître la vie du Fils, il est évident que sa mort sur la croix est l'événement de loin le plus significatif que nous rencontrons. En fait, nous pouvons dire que l'ombre de la croix est portée sur toutes les pages de la Bible.

La croix doit être l'événement le plus important de l'histoire des hommes. Elle est devenue le symbole universel de notre foi chrétienne. Nous considérons ce thème avec soin dans le *Salut par grâce* où nous voyons pourquoi le Père a dû envoyer son Fils pour mourir et ce que sa mort a accompli précisément.

Nous examinons aussi la croix du point de vue du Père dans *Connaître le Père* où nous comprenons qu'il s'agissait de sa gracieuse initiative, de son sacrifice et de sa douleur.

Dans ces deux livres de la série *Epée de l'Esprit*, nous faisons un survol biblique de la croix. Nous considérons ainsi le salut globalement et nous cherchons à en saisir les implications théologiques. Toutefois les Evangiles présentent la croix d'une manière assez différente. Ils nous conduisent vers la croix le long du chemin emprunté par le Fils – en passant par le dernier repas, l'agonie dans le jardin, la trahison de Judas, l'arrestation et le procès, la torture et l'exécution, la tombe et la gloire et c…

Les Evangiles ne présentent pas l'histoire du « Fils et de la croix » comme une théorie ou une abstraction de la théologie, mais comme une pièce dramatique qui implique la présence d'une compagnie d'acteurs et qui est illuminée par d'importants détails.

Plus significatif encore, ils rapportent ce que le Fils a dit et fait durant les heures de son plus grand combat – et ce sont ces paroles et ces actes que nous considérons dans ce chapitre. Les

Connaître le Fils

Evangiles plantent le décor des dernières vingt-quatre heures du Fils sur la terre dans quatre endroits principaux :
- la chambre haute
- le jardin de Gethsémané
- la maison du procurateur
- le lieu nommé Golgotha

Le dernier repas
Le drame commence le soir du premier jour de la fête de Pâque. Il est significatif que le Fils ait passé cette dernière soirée sur la terre en mangeant le repas pascal avec ses apôtres dans la grande chambre haute de la maison de ses amis.

Il semble qu'aucun serviteur n'ait été présent, car il n'y avait personne pour laver leurs pieds avant le début du repas – et aucun des apôtres n'était assez humble pour accomplir cette tâche servile. Alors Jésus se revêtit d'un tablier de serviteur, versa de l'eau dans une bassine et fit ce qu'aucun d'entre eux n'avait voulu faire. Il expliqua ensuite aux apôtres que l'amour de Dieu s'exprime toujours dans un humble service et que le monde les reconnaîtrait comme ses disciples seulement s'ils s'aimaient les uns les autres d'une manière semblable.

Ensuite, il avertit les apôtres que l'un d'entre eux allait le trahir, leur donna beaucoup de révélations sur son départ imminent, les consola avec des nouvelles au sujet de l'Esprit et les enseigna sur l'œuvre future de l'Esprit dans le monde et dans leur vie.

Dans la suite du repas, il rendit grâce pour une miche de pain, la rompit en morceaux et les tendit autour de lui avec les paroles qui sont rapportées dans Matthieu 26:26-28; Marc 14:22-24 et Luc 22:17-19.

A la fin du souper, Jésus fit de même avec une coupe de vin: il remercia Dieu pour la coupe, la passa autour de lui et dit aux apôtres ce qu'elle symbolisait. Ce sont des paroles et des actions importantes qui mettent en scène et symbolisent la

Le Fils et la croix

mort de Jésus avant qu'elle n'arrive et nous considérons ces choses dans *La Gloire dans l'Eglise*.

La mort du Fils est centrale
Dans la chambre haute, le Fils a prononcé des paroles qui devaient devenir les instructions pour la célébration faite en sa mémoire – qui, dit-il, devait être faite régulièrement. Les mots par lesquels Jésus institue ce repas montrent que contrairement aux célébrations modernes en souvenir de quelqu'un, la sienne ne devait commémorer ni sa naissance, ni sa vie ni ses paroles ni ses œuvres mais sa mort expiatoire.

Il n'y a rien qui souligne plus l'importance que Jésus attache à sa mort que ces paroles prononcées lors du dernier repas. Il est clair qu'il veut que nous nous rappelions de lui essentiellement par sa mort sur la croix. Si la croix n'est pas centrale pour notre foi et notre adoration, alors il ne s'agit pas de la foi et l'adoration qu'il recherche.

La mort du Fils poursuit un but
Les paroles d'institution du repas font référence à une « nouvelle alliance » et au « pardon des péchés ». Nous étudions tout le sens de ces expressions dans *Le Salut par Grâce*.

Dieu était entré dans une alliance (un accord mutuellement contraignant) avec Abraham, dans lequel il lui promettait un pays, une grande bénédiction, une relation personnelle et une multitude de descendants. Dieu renouvela cette alliance et y ajouta quelque chose après avoir sauvé les descendants d'Abraham du pays d'Egypte. Il leur promit de devenir leur Dieu et de faire d'eux son peuple. Il ratifia cette alliance par le sang d'un sacrifice et Moïse fit l'aspersion de ce sang sur le peuple.

Environ mille ans plus tard, le prophète Jérémie promit que Dieu ferait un jour une nouvelle alliance qui impliquerait le pardon des péchés et un changement de cœur radical – nous le voyons dans Jérémie 31:31-34.

Lors du dernier repas, six cents années plus tard, le Fils proclama que la promesse était sur le point d'être accomplie par l'effusion de son propre sang, par sa mort. Il dit qu'il allait sur la croix pour mourir afin d'amener son peuple dans une nouvelle relation d'alliance inviolable avec Dieu.

La mort du Fils doit faire l'objet d'une appropriation personnelle
Les apôtres n'étaient pas seulement des spectateurs ou des auditeurs de la scène qui se jouait dans la chambre haute, ils en étaient aussi les acteurs. Le Fils était peut-être celui qui avait rompu le pain, mais les apôtres avaient dû le manger. Le Fils avait peut-être versé le vin dans la coupe, mais les apôtres avaient dû la prendre.

De même qu'il n'était pas suffisant que le pain soit brisé et le vin versé, il n'aurait pas été suffisant pour lui de mourir – les apôtres devaient s'approprier personnellement les bénéfices de sa mort. Cela n'était rien de plus que ce que Jésus avait promis dans Jean 6:53-55.

Gethsémané
Après le souper, lorsque Jésus avait fini d'instruire ses apôtres et de prier pour eux, ils marchèrent dans Jérusalem pour aller dans un jardin appelé Gethsémané situé aux pieds du mont des Oliviers. Jean 18:2 suggère que le Fils allait souvent dans ce jardin avec ses disciples.

Matthieu 26:36-46 ; Marc 14:32-42 et Luc 22:39-46 rapportent que le Fils posa huit questions à ses disciples pour qu'ils veillent et prient pendant qu'il allait plus loin avec Pierre, Jacques et Jean. Jésus leur dit qu'il était envahi par la tristesse « jusqu'à la mort » puis leur demanda de veiller avec lui. Il s'éloigna en s'enfonçant plus loin dans le jardin, tomba, se prosterna sur le sol et pria la prière suprême de soumission à la volonté du Père que nous avons considérée au chapitre sept.

Il retourna vers les apôtres, qu'il trouva endormis, les réprimanda puis s'éloigna à nouveau pour combattre dans

Le Fils et la croix

la prière. Deux fois encore il revint et les trouva endormis, car ils ne pouvaient pas entrer dans le mystère de sa souffrance. Luc rapporte que l'angoisse de Jésus était si grande que de sa sueur tomba comme des gouttes de sang sur le sol.

Certaines personnes se demandent comment le Fils de Dieu a pu être envahi par la tristesse et l'angoisse, comment il a pu supplier le Père d'éloigner la coupe de lui et s'il aurait pu reculer devant la volonté de Dieu.

L'Ancien Testament décrit souvent la colère et le jugement de Dieu comme une « coupe » – par exemple dans Job 21:20; Psaumes 75:9; Esaïe 51:17-22; Jérémie 25:15-29; 49:12; Ezéchiel 23:32-34 et Habacuc 2:16.

Le Fils connaissait les Ecritures et a dû reconnaître que la coupe qui lui était offerte contenait le vin de la colère de Dieu qui n'était réservée qu'aux méchants.

Jésus savait qu'il était appelé à s'identifier aux pécheurs, à prendre leur jugement sur lui et – dans le jardin – sa personne sans péché eut un mouvement de recul. Il est possible qu'il ait hésité à entrer dans l'expérience de l'aliénation du Père qui était intrinsèque au jugement, mais il ne s'est pas rebellé et il n'a pas désobéi au Père. Dans le Nouveau Testament, ce sont les incidents de Gethsémané puis de Golgotha qui nous donnent l'image la plus claire de l'humanité de Jésus. En effet, dans son humanité, il a un mouvement de recul face aux souffrances de la croix, mais dans son humanité, il soumet aussi sa volonté au Père.

Jésus a puisé des forces grâce aux anges lorsqu'il accepta les implications de sa mort proche. Il savait que la coupe lui serait donnée par le père et il était d'accord de la boire. Ainsi il attendit tranquillement dans le jardin le baiser de Judas et le procès qu'allaient lui faire les Juifs et les Romains. Il a même prononcé les paroles qui nous sont rapportées dans Jean 18:11.

Les procès

Les quatre Evangiles présentent un tableau complexe qui mêle un nombre important de facteurs à la mort de Jésus.

Ils rapportent que le Fils a été exécuté publiquement comme un criminel car son enseignement était considéré comme dangereux et subversif. Ils montrent que les responsables juifs étaient outragés par son manque apparent de respect envers la loi, alors que les leaders romains étaient préoccupés par le défi apparent qu'il lançait à l'autorité suprême de César.

Les deux groupes de leaders étaient tellement perturbés par le Fils qu'ils contractèrent une alliance impie pour se débarrasser de lui. Il fut jugé dans une cour de justice juive pour blasphème, puis dans une cour romaine pour trahison et finalement exécuté comme transgresseur de la loi.

Les Evangiles présentent un mélange de facteurs juridiques et moraux dans leur récit des procès du Fils. Ils rapportent que les cours de justice juive et romaine suivirent des procédures légales avec attention : le prisonnier fut arrêté, accusé et examiné, des témoins furent appelés et questionnés, les juges annoncèrent leur verdict.

Mais les Evangiles insistent aussi pour dire que le Fils était innocent des accusations portées contre lui, que les témoins ont menti et que les verdicts rendus par les Juges étaient des erreurs judiciaires. De plus, ils insistent pour dire que les officiers des deux cours de justice n'étaient ni désintéressés, ni impartiaux dans leur fonction juridique. Ils étaient au contraire des hommes imparfaits et pécheurs dont les actions visibles mettaient en lumière leur corruption secrète.

Comme toujours dans les Evangiles, le Fils n'est pas décrit comme étant dans l'ombre et comme une figure lointaine. Il est toujours profondément impliqué dans son monde, et l'histoire du « Fils et de la croix » est l'histoire de l'étroite interaction du Fils avec les perdus qu'il est venu sauver.

Les Evangiles rapportent qu'une série d'individus et de groupes de gens ont été directement responsables des procès du Fils et de sa mort.

Le Fils et la croix

Ils précisent que:
- Judas a trahi le Fils en le vendant aux prêtres juifs pour de l'argent et le leur a livré avec un baiser
- Caïphe et les prêtres ont arrêté le Fils, l'ont jugé pour blasphème et livré au procurateur romain
- Pilate a jugé Jésus et l'a transmis au gouverneur de la Galilée
- Hérode a questionné Jésus et l'a rendu à Pilate
- Pilate a ensuite impliqué la foule dans la sentence de mort et a ensuite livré Jésus aux soldats romains qui l'ont crucifié

Le traître
Judas l'Iscariot est mentionné pour la première fois dans Matthieu 10:4; Marc 3:19 et Luc 6:16. Dans chacun de ces versets il est à la fin de la liste des douze apôtres et présenté comme celui qui allait trahir Jésus.

L'Evangile de Jean indique que Jésus savait d'avance que Judas le trahirait, que Judas était « destiné à la destruction » et qu'il agit seulement après que Satan l'ait poussé à le faire et l'ait possédé. Nous le voyons dans Jean 6:64, 71; 13:2, 11, 27; 17:12.

Mais, pour autant, Judas n'est pas déchargé de sa responsabilité de la mort du Fils. Le fait que sa trahison ait été prédite ne signifie pas qu'il n'était pas un agent libre – ce qui est la raison pour laquelle Actes 1:18 mentionne sa méchanceté.

Jésus apparaît considérer Judas comme responsable de ses actions, et semble lui lancer un dernier appel dans Jean 13:25-30. Mais Judas rejette l'appel de Jésus et accomplit ainsi le contenu du Psaume 41:9. Jésus condamne Judas dans Marc 14:21; Matthieu 27:3-10 et Actes 1:16-20 et rapporte ensuite que Judas s'est condamné par sa propre faute.

Certains érudits croient que Juda était un zélote qui s'était joint à Jésus pour libérer Israël de Rome et qu'il l'aurait trahi soit par désillusion soit dans une tentative de lui forcer la main. D'autres présentent en revanche l'argument selon lequel Jean 12:3-8 et 13:29 prouvent que Judas était faible sur le plan moral plutôt que motivé par des fins politiques. Quelle qu'était sa motivation précise, les Evangiles déclarent simplement que Judas a trahi Jésus pour trente pièces d'argent.

Plusieurs mois plus tôt, dans Luc 16:13, le Fils avait enseigné ses disciples en leur expliquant qu'il était impossible de servir Dieu et l'argent. Au moment décisif de l'épreuve, Judas choisit l'argent (comme c'est le cas de beaucoup de disciples aujourd'hui) et livra ainsi Jésus à la mort de la croix.

Les prêtres
Les Evangiles montrent que le Fils exaspéra les leaders juifs tout au long de son ministère public. Il leur semblait qu'il se faisait passer pour un rabbi, mais ils savaient que le Fils n'avait ni références, ni formation ni autorisation en bonne et due forme.

Il festoyait lorsqu'il était censé jeûner, il se mêlait aux gens de mauvaise réputation, il profanait le Sabbat en guérissant les gens, il rejetait la tradition des anciens, il critiquait ouvertement les pharisiens et les traitait d'hypocrites. De plus il avait la prétention choquante d'être le Maître du Sabbat, de pardonner les péchés, de connaître Dieu de manière unique comme son Père et même d'être l'égal de Dieu. Pour les responsables juifs, le Fils n'était rien de moins qu'un blasphémateur.

Caïphe et les prêtres étaient sûrs que la doctrine de Jésus était hérétique, que sa conduite offensait la loi, qu'il égarait les simples et les encourageait à désobéir à César.

Ils voulaient l'arrêter et ils étaient sûrs d'avoir des raisons politiques, théologiques et éthiques suffisantes pour le réduire au silence. Lorsqu'ils firent son procès et lui demandèrent de prêter serment, il fit même des proclamations blasphématoires à son propre sujet. Pour eux, il était clair qu'il méritait la mort.

Toutefois, Matthieu 27:18 et Marc 15:10 rapportent l'un et l'autre que pour Pilate, les responsables juifs étaient motivés

Le Fils et la croix

par la jalousie. Ils voulaient la mort du Fils parce que celui-ci avait remis leur autorité en question, tout en ayant lui-même une autorité qui leur manquait. Lorsqu'ils avaient remis l'autorité du Fils en question en Marc 11:28, ils avaient été réduits au silence par sa réplique.

Nous avons remarqué que l'Evangile de Matthieu met souvent en exergue la question de l'autorité. Matthieu décrit deux complots motivés par la jalousie pour éliminer le Fils. Le premier dans 2:13, fut dirigé par un roi des Juifs, au début de sa vie, le second dans 27:20, fut fomenté par des prêtres juifs, à la fin de sa vie. Le roi comme les prêtres conclurent avec justesse que le Fils défiait leur autorité. Ils cherchèrent donc à le tuer.

Le procurateur
Les responsables juifs confièrent le Fils à Ponce Pilate avec l'accusation consignée dans Luc 23:2 que le procurateur n'osa pas ignorer. Pilate instruisit la plainte et les Evangiles font deux observations à ce sujet.

Premièrement, ils soulignent que Ponce Pilate était tellement convaincu de l'innocence de Jésus qu'il déclara trois fois qu'il ne pouvait pas trouver de motif pour le condamner. Cette conviction personnelle lui fut confirmée par un message de sa femme. Nous trouvons ce récit dans Luc 23:4; 23:13-15; 23:22 et Matthieu 27:19.

Deuxièmement, les Evangiles mettent l'accent sur le fait que Pilate voulait éviter de soutenir un camp au détriment de l'autre. Il voulait éviter de prononcer une condamnation contre Jésus parce qu'il le pensait innocent, mais il voulait aussi éviter de le disculper entièrement de peur de mettre en colère les responsables juifs.

Les Evangiles décrivent Pilate en train de se débattre, voulant être à la fois juste et injuste. Tout d'abord, Luc 23:5-12 relate qu'il a essayé de se débarrasser de sa responsabilité sur Hérode. Lorsque cela échoua, Luc 23:16-22 montre que Pilate a essayé de satisfaire les Juifs avec une punition moins sévère que la peine de mort. Ensuite, Marc 15:6-15 décrit comment

Connaître le Fils

Pilate espéra que la foule choisisse Jésus pour l'amnistie traditionnelle de Pâque. Finalement, Matthieu 27:24 rapporte que Pilate, à bout de ressources, essaya de protester de son innocence de manière détournée.

Mais ses mains n'étaient pas encore sèches que Pilate avait livré Jésus à la mort. C'était un homme faible, car Luc 23:20 rapporte que Pilate voulait libérer Jésus, alors que Marc note qu'il voulait aussi satisfaire la foule. Luc 23:23-25 utilise une triple répétition pour montrer que la foule l'a emporté dans le conflit intérieur de Pilate: « leurs » cris l'emportèrent; il prononça que ce « qu'ils » demandaient serait fait; et il livra Jésus à « leur » volonté.

Pilate savait que le Fils était innocent, il savait que la justice exigeait sa libération. Jean 19 :12 nous montre aussi qu'il savait que sa carrière serait compromise si la justice triomphait. Alors Pilate fit taire sa conscience, trahit ses propres convictions et envoya le Fils à la croix.

Les soldats

Les soldats qui ont exécuté la sentence de Pilate étaient ceux qui étaient le plus immédiatement responsables de la mort du Fils. Il est important de noter, toutefois, que le processus lui-même de la crucifixion de Jésus n'est décrit dans aucun Evangile. Il semble que les paroles et les actes du Fils étaient de loin les événements les plus significatifs.

Les Evangiles décrivent bien la manière dont les soldats ont flagellé Jésus et se sont moqués de lui dans la résidence du Procurateur. Tout d'abord ils fouettèrent Jésus, ensuite ils le revêtirent d'une robe pourpre, placèrent une « couronne » d'épines sur sa tête et un sceptre en roseau dans sa main, s'agenouillèrent devant lui de manière moqueuse comme pour lui faire hommage, lui bandèrent les yeux, lui crachèrent dessus, le giflèrent au visage, le frappèrent sur la tête et le défièrent de reconnaître ceux qui le frappaient.

Finalement, suivant la coutume romaine, ils lui firent porter sa croix jusqu'au lieu de l'exécution. Toutefois le poids étant

Le Fils et la croix

trop grand, Jésus trébucha. Un homme du nom de Simon, de Cyrène, en Afrique du Nord, fut alors forcé par les romains à porter la croix de Jésus.

Lorsqu'ils arrivèrent à Golgotha, les soldats offrirent un peu de vin mêlé de myrrhe à Jésus pour adoucir la douleur, mais Jésus refusa de boire le mélange. Les textes de Matthieu 27:32-35; Marc 15:21-25; Luc 23:26-33 et Jean 19:17-18 ne donnent aucun détail: ils ne mentionnent ni marteau, ni clous, ni ne se réfèrent à la douleur ou au sang. Ils disent simplement: « ils le crucifièrent ».

Les Evangiles ne suggèrent pas que les soldats se soient réjouis de leur tâche particulièrement cruelle. Ils ont simplement obéi aux ordres et exécuté trois criminels. Selon Luc 23:34-46, Jésus a prié à voix haute durant le supplice et il a eu un impact sur ceux qui étaient là. Luc 23:42-43 rapporte que l'un des crucifiés crut en lui et Luc 23:47 rapporte que le centurion responsable des soldats crut également.

La croix
Pendant que le Fils était pendu à la croix, les soldats ont tiré ses vêtements au sort en jouant aux dés, quelques femmes regardaient de loin et les responsables juifs ricanaient en disant que Jésus ne pouvait pas se sauver lui-même. Les Evangiles rapportent que Jésus a recommandé avec amour sa mère aux soins de Jean et Jean aux siens, puis qu'il a rassuré le brigand pénitent qui mourait à côté de lui.

A midi, les ténèbres sont venues sur Golgotha pendant trois heures. Les Evangiles ne précisent pas ce qui s'est passé pour le Fils pendant ce temps-là. Toutefois à d'autres endroits les Ecritures révèlent ce qui s'est passé. Nous le voyons par exemple dans Esaïe 53:5-6; Marc 10:45; 2 Corinthiens 5:21; Galates 3:13; 1 Timothée 2:5-6; Hébreux 9:28; 1 Pierre 2:24 et 3:18.

Connaître le Fils

Le cri d'abandon
Certaines personnes suggèrent que les ténèbres symbolisaient les ténèbres spirituelles qui enveloppèrent le Fils et culminèrent dans son cri d'abandon. Pour eux les ténèbres représentent certainement l'idée de séparation de Dieu. Dieu est tellement lumière qu'il ne contient pas de ténèbres.

D'autres suggèrent l'opposé. Ils croient que Dieu était présent au moment du sacrifice sous la forme d'un nuage sombre, de même qu'il s'était souvent révélé lui-même dans une nuée à l'heure du sacrifice à l'époque de l'Ancien Testament.

Lorsque les ténèbres cessèrent, Jésus cria les mots que nous retrouvons dans Marc 15:33-34. Certains auditeurs comprirent mal et pensèrent qu'il appelait Elie. Bien qu'il soit évident que Jésus citait le Psaume 22:1, les gens se demandent encore aujourd'hui ce que peut signifier ce cri. Certains suggèrent que c'était un cri de désespoir, alors que d'autres le considèrent comme un cri de solitude, ou de victoire. Quoi qu'il en soit, il s'agit d'un cri qui exprime directement l'abandon. Cela montre qu'il y avait une mesure de souffrance qui a même pris Jésus par surprise.

Jusqu'à la croix, bien qu'il ait été abandonné même par ses plus proches apôtres, le Fils savait que son Père était avec lui – Jean 16:32 le montre clairement. Toutefois, à cette heure, il était seul, le Fils était littéralement abandonné par le Père.

Sur la croix, une séparation prit effectivement place entre le Père et le Fils: cette séparation fut librement acceptée de la part du Père et du Fils et elle était entièrement le fait de notre péché. Jésus exprima cet abandon de la part du Père en citant le seul verset de l'Ecriture qui le décrive spécifiquement, et qu'il accomplissait parfaitement.

Le cri exprimant la soif, le cri de la victoire et le cri de la remise de son esprit au Père
Presque immédiatement après, le Fils prononce trois phrases supplémentaires dans une succession rapide.

Le Fils et la croix

- J'ai soif
- Tout est accompli
- Père, je remets mon esprit entre tes mains

Son cri au sujet de la soif semble exprimer le prix que ses grandes souffrances spirituelles ont imposé à son corps.

Son cri de victoire exprime la finalité ou l'accomplissement final de son œuvre. Le mot grec *tetelestai* est au temps du parfait et signifie donc : « cela a été et sera pour toujours fini ». Le Fils a achevé sa mission rédemptrice de sauvetage, il a accompli ce pourquoi il était venu dans le monde, il a porté les péchés du monde, il a enduré la colère de Dieu, il a accompli le salut pour le monde entier, il a donné naissance à la vie nouvelle, il a établi une nouvelle alliance entre Dieu et l'humanité et a mis à notre disposition la bénédiction du pardon.

Son cri par lequel il remet son esprit montre que le Fils avait pleinement le contrôle. Il n'est pas mort parce qu'il avait été tué par des hommes pécheurs, il est mort parce qu'il a librement remis son esprit entre les mains de son Père. Cette dernière prière de Jésus fait écho à une prière traditionnelle de jeune garçon juste avant d'aller se coucher. Jean 19:30 dit littéralement que Jésus « courba sa tête comme s'il reposait sur un coussin », puis rendit son esprit.

Tout de suite le rideau du temple (qui symbolisait la séparation des pécheurs d'avec Dieu) fut déchiré en deux de haut en bas pour démontrer que la barrière du péché avait été renversée par Dieu, et que le chemin vers sa présence avait été grand ouvert pour tous.

Comme nous l'avons vu au chapitre quatre, trente-six heures plus tard, le Père sortit le Fils d'entre les morts et le justifia publiquement par sa résurrection. Il s'agissait de la démonstration décisive faite par Dieu que le Fils n'était pas mort en vain sur la croix.

Connaître le Fils

La vérité de la croix

Tout ce que nous considérons dans *Le Salut par Grâce* explique pourquoi Jésus a attaché tant d'importance à sa mort sur la croix, pourquoi il a institué son repas de commémoration et pourquoi Dieu l'a honoré avec la gloire d'une alliance nouvelle et la gloire de la résurrection.

Lorsque nous saisissons pleinement la grandeur du plan éternel de salut de Dieu, lorsque nous en apprécions sa préfiguration dans l'Ancien Testament et sa consommation dans les derniers jours, nous pouvons commencer à comprendre l'agonie du Fils à Gethsémané dans l'anticipation de la croix, son angoisse d'être abandonné à la croix et sa proclamation triomphante d'avoir pleinement accompli notre salut éternel.

Notre péché

Lorsque nous commençons à penser plus profondément au sujet du Fils et de la croix, nous commençons à entrevoir trois grandes vérités. Premièrement nous réalisons combien notre péché humain doit être horrible, car rien ne révèle aussi bien la gravité du péché humain que la croix du Calvaire.

Car en dernière analyse, le Fils n'a pas été envoyé à la croix par la cupidité de Judas, ni par la jalousie des prêtres ou la lâcheté morale de Pilate, mais par notre propre cupidité, jalousie, lâcheté et tous nos autres péchés – et par sa détermination pleine d'amour de porter leur jugement et de les ôter entièrement. Il ne nous est sûrement pas possible de contempler le drame de la croix sans ressentir une honte réelle à la pensée de notre propre complicité.

S'il n'y avait vraiment aucun autre moyen par lequel le Dieu saint pouvait pardonner nos péchés avec justice sinon celui de les porter lui-même, dans le Fils, sur la croix, alors notre péché doit être vraiment très grave. Une fois que quelqu'un commence à comprendre cette vérité, il est prêt à mettre sa confiance dans le Fils comme au Sauveur dont il a désespérément besoin.

Le Fils et la croix

Son amour
Deuxièmement, la croix révèle que l'amour de Dieu est tellement grand qu'il est presque impossible de le comprendre humainement. Nous considérons cet aspect « révélateur » de la croix dans *Le Salut par Grâce*.

Le Père aurait pu abandonner l'humanité à son destin. Il aurait pu nous laisser récolter le fruit de notre péché et périr dans notre méchanceté. Après tout, c'est ce que nous méritons et c'est souvent ce que nous voulons. Mais Dieu n'a pas agi comme cela. Parce qu'il nous aime, il est venu nous chercher en Christ. Il nous a poursuivis jusqu'à l'angoisse de la croix, où il a porté avec amour nos péchés, notre culpabilité, notre jugement et notre mort. Il n'est sûrement pas possible de contempler l'amour qui a motivé la croix et de rester de marbre.

Lorsque les gens commencent à saisir cette vérité, ils ont le profond désir d'aimer le Fils comme le Seigneur dont ils ont tant besoin.

La grâce gratuite
Troisièmement, la croix proclame que le salut doit être un don gratuit. Comme le Fils l'a payé entièrement au prix de son sang, il ne nous reste plus rien à payer. Et comme il a proclamé que son œuvre était « accomplie » sur la croix, il ne nous reste plus de contribution à apporter. Tout est de Dieu, tout est grâce.

Chapitre Neuf

Le retour du Fils

Les Evangiles montrent clairement que la croix ne marque pas la fin de l'histoire du Fils. Nous avons vu au chapitre quatre qu'il s'est relevé d'entre les morts, qu'il est monté au ciel, s'est assis à la droite du Père, qu'il a répandu son Esprit comme il l'avait promis, a donné des dons à l'Eglise et a commencé son œuvre céleste d'intercession qui continue jusqu'à aujourd'hui.

Toutefois, tout cela n'est pas la fin de l'histoire du Fils, car toute la Bible pointe sur le retour du Fils sur la terre à la fin des temps. Il ne s'agit pas d'une petite vérité insérée dans une moitié de verset ici et là mais d'un fil conducteur d'espérance qui traverse toutes les Ecritures.

L'espérance de l'Ancien Testament

Comme nous l'avons souligné dans la série *Epée de l'Esprit*, la saga biblique d'espérance et de promesses d'alliance a commencé lorsque Dieu a appelé Abraham à quitter la maison de son père. Ce qui a débuté comme un voyage vers un but précis d'un petit groupe de nomades est devenu le pèlerinage à travers l'histoire d'un peuple rempli d'espérance divine.

Toute l'espérance biblique est basée sur la promesse de l'alliance de Dieu de Genèse 12:1-3. Dieu a garanti de donner à Abraham et à sa descendance:

- un pays
- une grande nation
- une bénédiction

Cette triple bénédiction a été répétée et étendue plusieurs fois à travers les âges, mais elle est toujours résumée par la phrase que nous rencontrons pour la première fois dans Genèse 17:7.

Cette relation d'alliance est la synthèse de tout le but de Dieu pour l'humanité.

Dans l'ensemble de l'Ancien Testament, les descendants d'Abraham ont regardé en arrière vers ces promesses de l'alliance en les proclamant comme étant leur destinée. Lorsqu'ils étaient affaiblis, réduits en esclavage et exilés, les promesses leur permirent de s'ancrer dans leur identité nationale et de croire que Dieu avait un avenir et une espérance pour eux. Et lorsqu'ils furent forts et prospères, les promesses les aidèrent à rester tournés vers l'avenir et à maintenir le cap sur leur destinée.

Les enfants d'Abraham savaient que *Yahvé* était un Dieu de promesses et cette connaissance les aidait à reconnaître que la situation présente ne correspondait jamais au dernier mot de Dieu. Elle les aidait aussi à fixer leur espérance sur l'avenir, sur l'accomplissement total de la promesse de Dieu à Abraham.

L'espérance des prophètes
Comme nous l'avons vu dans *Le Ministère dans l'Esprit*, les prophètes étaient aussi appelés à déclarer les intentions de Dieu par rapport à l'avenir. La plupart des prophètes dont les livres sont inclus dans l'Ancien Testament exercèrent leur ministère à des moments où Israël commençait à trop s'attacher à son passé. Les Israélites repensaient à l'exode de l'Egypte, au règne de David, au premier temple et c...

Près de huit cents ans avant Jésus-Christ, Amos proclama que l'événement le plus important qui devait se produire pour le peuple de Dieu était encore à venir, et non dans le passé. Il le nomma le « Jour du Seigneur » – comme nous le voyons dans Amos 5:18-20 – et il déclara que ce serait un jour de ténèbres et non de lumière.

A une époque de prospérité nationale, Amos annonçait une catastrophe, comme nous le voyons dans Amos 2:6; 5:18. D'autres prophètes ont prêché un message assez semblable, par exemple Esaïe 30:1-2, 15-17; Jérémie 5:1; 7:4-7.

Le retour du Fils

Par ces passages et bien d'autres, les prophètes se moquèrent des tentatives que les Juifs faisaient pour trouver leur sécurité et placer leur espérance dans autre chose que Dieu lui-même. Ils annoncèrent de manière persistante que Dieu s'opposait à ceux qui cherchaient leur sécurité en dehors de Dieu et sa volonté.

Toutefois, en dépit de la sévérité des jugements qu'ils annonçaient, les prophètes ne prétendirent jamais qu'il se serait agi du dernier acte de la part de Dieu. Ils proclamèrent aussi un message de promesse future qu'ils basèrent sur:

- l'amour brûlant de Dieu – Osée 11:8-9, Lamentations 3:21-24
- la fidélité de Dieu à sa promesse d'alliance – Esaïe 37:35
- la préoccupation de Dieu pour son honneur – Ezéchiel 36:22-23; Esaïe 48:11
- la créativité essentielle de Dieu – Esaïe 43:1; 49:6

Bien que les prophètes déclarent que le jour du Seigneur serait un jour de ténèbres, ils ont aussi proclamé que la promesse originale de Dieu à Abraham tenait toujours. Ils insistèrent pour dire que Dieu l'accomplirait entièrement.

Les prophètes regardèrent l'avenir et annoncèrent qu'il y aurait:

- un nouveau David – 2 Samuel 7:12-16 ; Esaïe 9:6-7; 11:1-9 ; Jérémie 33:15-16; Zacharie 9:9
- une nouvelle Jérusalem – Esaïe 2:2-4; 65:17, 25; Jérémie 33:16; Zacharie 14: 11, 16
- une nouvelle prospérité – Esaïe 65:21; Ezéchiel 47:12; Joël 3:18; Amos 9:13-15; Michée 4:4
- un nouveau temple – Ezéchiel 40–48
- un nouvel Israël – Jérémie 30:8-9; Amos 9:11-15; Michée 4:6-7; Osée 3:5; Sophonie 3:20

Connaître le Fils

- une nouvelle relation avec Dieu – Osée 2:14-16, 19
- une nouvelle alliance – Jérémie 31:31-34
- un nouveau cœur – Ezéchiel 18 : 30-32 ; 36 : 25-28
- un nouvel Exode – Esaïe 43:18-19; 52:12; Jérémie 16:14-15; Ezéchiel 20:33-34; Osée 2:14-15
- de nouveaux cieux et une nouvelle terre – Esaïe 65:17-22

Les prophètes pouvaient faire ces prédictions parce qu'ils savaient que Dieu faisait et contrôlait l'histoire. Ils discernaient le but de son activité dans les événements passés et présents et étaient persuadés qu'il continuerait à agir de manière similaire. Ils s'attendaient à Dieu pour qu'il dirige le cours de l'histoire, qu'il fasse quelque chose à propos de l'état de son peuple et intervienne parmi d'autres nations – nous le voyons par exemple dans Esaïe 51:4-5.

Les prophètes savaient aussi qu'il y aurait à la fois une continuité et une discontinuité entre les actions de Dieu dans le passé et son action dans l'avenir. Ils annoncèrent qu'il ferait des choses surprenantes et qu'il apporterait à son peuple la bénédiction et la sécurité au-delà de ce qu'ils pouvaient imaginer. Leur répétition constante du mot « nouveau » souligne cet aspect de la discontinuité. Mais ils utilisaient des mots comme « alliance » et « Exode » pour démontrer qu'ils étaient aussi conscients d'une véritable continuité entre le passé et l'avenir.

Ils promirent que bien que Dieu ferait des choses nouvelles, son but pour le monde correspondrait avec ses actions passées. Ils dirent aussi que bien qu'il se révélerait dans l'avenir par le salut ultime de l'humanité, il donnait déjà une révélation de lui-même dans l'histoire d'Israël.

L'espérance prophétique peut se résumer par trois expressions communes:

- Dieu viendra – Esaïe 2:10-21; 26:21; 35:4; 40:9; 59:20; 63:1-6; 66:18-19; Zacharie 2:10-13; 14: 3-5.

Le retour du Fils

- Dieu sera avec son peuple – Esaïe 12:6; Ezéchiel 37:27-28; 43:1-9; 48:35; Joël 2:27; 3 :16-17; Sophonie 3:14-20.

Dieu règnera :

- avec justice et intégrité – Esaïe 1:2-5; 9:7
- dans la paix – Esaïe 2:2-4; 9:6; Michée 4:3-4
- durablement – Esaïe 9:7; Michée 4:6-7
- universellement – Esaïe 25:6-9; 44:5 ;Michée 5:2-5; Sophonie 3:9-10; Zacharie 8:22-23; 9:10
- sur terre – Esaïe 11:6-9; 32:15; 65:17; Aggée 2:7
- dans l'adoration et la joie – Esaïe 12:25; Zacharie 14:9

L'Ancien Testament ne dit jamais quand ces événements auront lieu, parce qu'il ne distingue jamais entre l'accomplissement immédiat et ultime de la prophétie (nous considérons cette question dans *Le Ministère dans l'Esprit*). Mais il se concentre sur le Dieu qui tient ses promesses plutôt que sur une quelconque chronologie du futur.

Ce résumé élémentaire de l'espérance contenue dans l'Ancien Testament est un fondement important pour une compréhension correcte de la grande espérance du Fils qui est dévoilée dans le Nouveau Testament.

L'espérance du Fils

Dans 2 Corinthiens 1:20, l'apôtre Paul fait la déclaration étonnante que Jésus est le « oui » de Dieu à *toutes* les promesses de Dieu, qu'il est celui en qui toutes les espérances prophétiques de l'Ancien Testament et les promesses liées à l'alliance sont accomplies. Si nous ne connaissons pas le contenu de ces espérances, nous ne pourrons pas apprécier l'immense portée de ce que Paul dit ici.

Nous avons vu dans le chapitre cinq (et plus spécialement dans *Le Règne de Dieu*) que Jésus a proclamé le royaume de

Connaître le Fils

Dieu – qu'il a annoncé l'arrivée du règne de Dieu. Il s'agissait du thème central de tout son enseignement.

Le Fils déclara que le règne de Dieu qui avait été promis depuis longtemps avait commencé. Il démontra en actions qu'une nouvelle expérience de la puissance salvatrice de Dieu était arrivée. Et il manifesta son onction de l'Esprit comme une évidence marquante de la présence du royaume.

Jésus a mis l'accent sur le fait que le royaume de Dieu était spécialement réservé à ceux qui souffrent, et il a révélé que :

- le Roi du royaume est un Père – Matthieu 6:9-10; Luc 12:32
- le royaume est caractérisé par le pardon – Matthieu 18:23-35; Marc 2:10, 15-17; Luc 7:36-50; 15; 18:9-14
- le but du royaume est un ordre nouveau – Matthieu 11:25-26; 18:3; 22:1-10; Marc 10:14; Luc 1:51-53; 6:20-25; 13:30; 16:19-31
- les exigences du royaume sont la repentance et la confiance – Matthieu 5:25-26; 6:24-34; 23:5-12; Marc 1:15; 8:34-35; 10:17-31; Luc 6:27-36; 13:2-3; 14:26; 15:11-32

Maintenant et pas encore

Nous avons vu également que si la domination de Dieu était venue en Christ, elle n'était pas pleinement venue. Le royaume était présent dans le sens que les bénédictions du nouvel âge étaient déjà expérimentées par le ministère du Fils. Mais sa pleine réalisation (au sens du triomphe total de Dieu sur le mal et l'établissement d'une sphère universelle et permanente de justice, de paix et d'adoration) restait encore l'objet d'une espérance future.

Le royaume était présent, mais caché. Une nouvelle puissance avait été libérée, pourtant beaucoup ne le reconnaissaient pas. Néanmoins, le jour viendrait où le doute, l'opposition et le caractère caché laisseraient la place à la pleine

Le retour du Fils

réalisation de la domination de Dieu. Ainsi Jésus enseigna à ses disciples à prier la prière de Matthieu 6:10 et à croire la promesse de Luc 13:29.

Lorsque Jésus parla sur le royaume à venir, sur son royaume d'espérance pour l'avenir, il mit l'accent sur trois choses :

- ◆ le royaume grandira progressivement – Matthieu 13:33; Marc 4:26-32
- ◆ le royaume viendra par grâce – Luc 12:32
- ◆ le royaume viendra par sa propre souffrance et sa propre mort – Marc 8:31; 9:31; 10:33-34; 10:38; Luc 12:50

La justification du Fils

Les Evangiles montrent clairement que Jésus ne s'attendait pas seulement à mourir, mais aussi à être justifié par Dieu. Le Fils savait qu'il était destiné à souffrir et que l'approbation publique de Dieu pour son œuvre allait au-delà de ses souffrances.

Parfois, Jésus parla de sa justification en termes de résurrection, comme dans Marc 9:31. Mais à d'autres occasions, il l'a exprimée en termes de retour du Fils sur terre dans l'avenir – par exemple dans Matthieu 10:23; 22:44; 25:31; Marc 8:38; 13:26; 14:62 et Luc 18:8.

Les paroles du Fils au sujet de la justification de son œuvre supposent toujours que celui qui vient avec gloire est le même que celui qui a été ressuscité des morts trois jours après. Nous le voyons par exemple dans Marc 14:62.

Bien que Jésus ait annoncé sa résurrection et son retour dans des termes similaires, il fait toujours une distinction entre les conséquences de ces deux événements. Chaque fois qu'il parle de la venue du Fils, il l'associe au jugement final de l'humanité et à l'établissement total du royaume de Dieu – comme dans Marc 8:38; 13:26-27; Matthieu 25:31-46 et Luc 21:36. Mais Jésus parle toujours de sa résurrection en la décrivant comme sa justification personnelle plutôt que comme la justification ultime des buts de Dieu.

Connaître le Fils

Cela nous montre que le Fils s'attendait à mourir pour être justifié par le père par sa résurrection d'entre les morts. Mais cela nous indique aussi qu'il s'attendait de manière ultime à revenir pour amener les buts de Dieu pour le monde à leur accomplissement.

L'espérance du Fils
Les prophètes étaient plus concernés par les actions de Dieu dans l'avenir que par une exacte chronologie des événements futurs. Le Fils, lui aussi, enseigne beaucoup sur ce que Dieu va faire mais peu sur le moment où il fera ces choses. Les Evangiles rapportent que l'espérance prophétique de Jésus contient plusieurs éléments distinctifs:

- ◆ Il prédit une catastrophe pour la nation juive – Marc 13:2 et Luc 19:42-44
- ◆ Il envisagea un jour où des personnes venant d'autres nations feraient partie du royaume et il s'attendit à ce que ses disciples, l'Eglise, remplît le rôle de peuple de Dieu – Matthieu 8:11-12 et 16:18
- ◆ Il anticipa un conflit entre ses disciples et les forces qui s'opposaient à eux – Marc 13
- ◆ Il déclara que ses disciples seraient justifiés: ils découvriraient que Dieu les aurait acceptés et leur montrerait qu'ils avaient fait le bon choix en suivant Jésus – Matthieu 10:32; Marc 8:35; Luc 6:22-23; 12:32
- ◆ Il annonça qu'il reviendrait de manière triomphale pour achever les buts de Dieu – Marc 13:24-27

Le but du retour du Fils
Bien que les descriptions prophétiques du mode et du temps de son retour soient délibérément vagues, le Fils montre clairement le but de sa venue. Il prouve d'après les Ecritures qu'il y aura une vie de résurrection et promet ensuite qu'il reviendra pour élever son peuple dans une vie nouvelle du

royaume et les rassembler des quatre vents dans sa présence – Marc 12:18-27 et 13: 26-27.

Le Fils promet aussi qu'il reviendra juger la vie de tout être humain et que cet événement divisera ceux qui sont entrés dans le royaume de Dieu de ceux qui auront choisi de rester en dehors – Matthieu 24:40-41 et Marc 9:33-48.

Le Fils promet aussi qu'il reviendra pour détruire entièrement Satan et toutes ses œuvres – Matthieu 25:41.

Le Fils promet en outre que le monde sera renouvelé et que le peuple de Dieu entrera dans son royaume final et parfait – Marc 13:31. Jésus n'a jamais promis de donner une description détaillée de cette existence éternelle. Mais dans Marc 12:25, il nie clairement qu'il s'agira simplement d'une continuation de l'existence terrestre présente à un plus haut niveau.

Au lieu d'offrir des détails excitants, Jésus a donné une série d'illustrations pour inspirer notre foi. Il promet que le peuple de Dieu entrerait avec joie dans sa présence et suggère que cette joie ressemblera à celle d'une célébration de mariage – Matthieu 25:10, 21-23. Il y aura des rires et des danses, celui qui a faim sera rassasié – Luc 6:21-23; les purs verront Dieu – Matthieu 5:8; et lui-même, l'époux, sera le centre de toute l'attention – Matthieu 25:1-13.

Il promet que la communauté de son peuple sera ensemble dans l'adoration et que leur excitation joyeuse sera comme celle de pèlerins qui ont atteint leur destination après un voyage éprouvant. Cette image est implicite dans Luc 16:9 où Jésus parle de « tabernacles éternels » – la destinée du tabernacle toujours en route dans le désert.

Et il promet que cette nouvelle communauté rassemblera Juifs et Gentils dans une assemblée unique – Matthieu 8:11 et 25:34.

Les résultats du retour du Fils

Le Nouveau Testament montre clairement que le retour du Fils complétera l'œuvre de salut de Dieu envers l'humanité. Ce jour-là, toute l'humanité aura une révélation visible du Fils

Connaître le Fils

dans un triomphe et une gloire totale. Il est peut-être venu la première fois dans l'obscurité et la faiblesse, mais son retour sera un événement incontournable, public, triomphant, glorieux et universel.

L'apparente absence du Fils de la terre fera place à sa présence impressionnante sur la terre. Son caractère caché, mystérieux sera remplacé par une manifestation ouverte de son caractère parfait et de sa divine splendeur. Lorsque le Fils reviendra finalement sur la terre, il n'y aura plus de place pour le doute sur ce qu'il est, ni sur la réalité de son retour.

Le retour du Fils aura non seulement pour conséquence le dévoilement de tout ce qui est caché au sujet de Christ, mais aussi le dévoilement de tout ce qui est caché à propos de l'humanité. Le Nouveau Testament insiste pour dire que le jugement par Dieu des hommes et des femmes individuellement est l'une des raisons principales du retour du Fils – nous le voyons par exemple dans 1 Corinthiens 4:5 et 15:45. Le dernier jour, toutes les questions ultimes de la vie seront exposées et toutes nos excuses et nos ambiguïtés s'évanouiront.

1 Corinthiens 15:24-25 et Apocalypse 20:7-15 montrent que le retour du Fils résultera aussi dans la défaite totale de tout ce qui est mauvais. Sa venue signifiera la disparition de la souffrance, la fin de toutes les mauvaises pensées et actions, la justification de ceux qui ont souffert pour la justice et démasquera tous les oppresseurs. Il réglera enfin leur compte à Satan et ses hordes, pour l'éternité.

Lorsque le Fils reviendra, il rassemblera son peuple dans sa présence et ressuscitera ceux qui seront morts avant sa venue. Mais le Fils non seulement changera les croyants par sa puissance de résurrection, mais transformera aussi l'ensemble de l'univers. Comme nous le voyons dans *Connaître le Père*, les buts de Dieu sont beaucoup plus grands que la simple destinée personnelle d'individus. 2 Pierre 3:13 souligne la vérité selon laquelle Dieu va amener un nouvel ordre où la justice habitera et sera naturelle.

Le retour du Fils

Finalement, le retour du Fils résultera dans l'accomplissement de toute l'histoire. La Bible ne présente pas le cours de l'histoire comme circulaire, indifférent, ou éternel. Au lieu de cela, elle présente l'histoire comme un mouvement qui atteint un but, comme un voyage en direction du royaume parfait de Dieu. Elle présente Dieu comme agissant toujours dans l'histoire pour accomplir ses buts.

Au point culminant de l'histoire, Dieu agira par le retour de son Fils, d'une part pour mettre fin à toute opposition à lui et à sa volonté et d'autre part pour établir son royaume éternel. Cette intervention divine dynamique complétera ce que le Fils a accompli à la croix et parachevé par son corps qui est l'Eglise.

La certitude de notre espérance
La grande espérance du Fils est ensuite que le Dieu dont la domination était déjà à l'œuvre dans son ministère terrestre amènera ses plans à leur accomplissement par son retour glorieux. Lors de son retour, toutes les images vétérotestamentaires d'un royaume de justice, de paix et d'adoration (qui sont prophétiquement vécues par anticipation dans le ministère du Fils et la vie de son peuple) atteindront la gloire d'un accomplissement total.

D'ici là, toutefois, Matthieu 6:33, Marc 10:16-31 et Luc 11:2 montrent que le Fils continue à nous lancer un défi. Il s'agit de veiller à ce que le royaume ait la première place dans notre vie, de tout abandonner pour la cause du royaume et de prier continuellement pour sa venue.

Nous pouvons faire toutes ces choses avec une confiance totale, parce que nous savons que le Père qui tient ses promesses tiendra sa parole envers nous, accomplira jusqu'au bout ce qu'il a commencé à faire dans nos vies, fera son habitation parmi nous et s'assurera que le Fils règne d'éternité en éternité.

www.ingramcontent.com/pod-product-compliance
Lightning Source LLC
Chambersburg PA
CBHW031114080526
44587CB00011B/962